Univ.-Prof. Dr. Belinda Plattner • Mag. Sigrun Eder
Mag. Angelika Suppan

SKILLS TRAINING EXPRESS

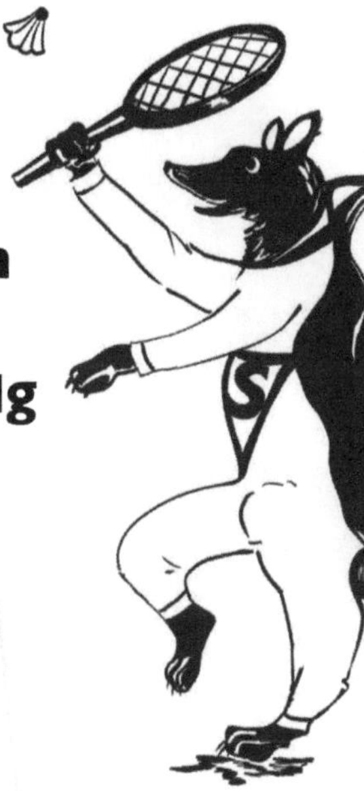

Mit den besten Skillsübungen rasch zum Erfolg

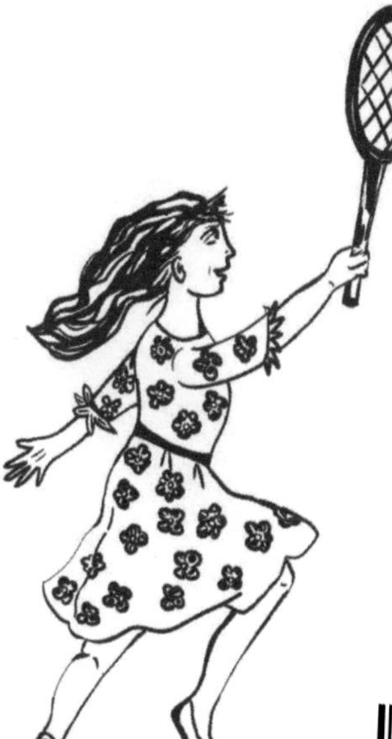

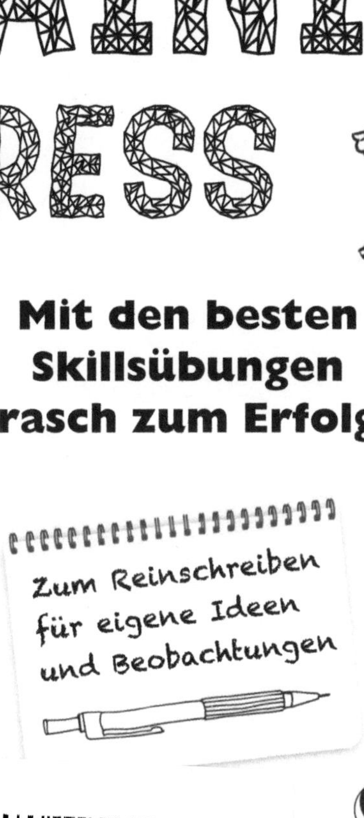

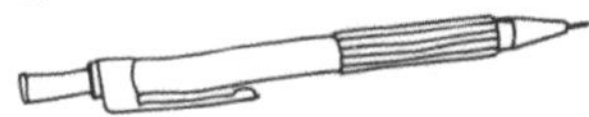

Zum Reinschreiben für eigene Ideen und Beobachtungen

SCHEITERE HEITER!
Dieses Buch gehört:

Bibliografische Information der Deutschen Nationalbibliothek
Die Deutsche Nationalbibliothek verzeichnet diese Publikation in der Deutschen Nationalbibliografie; detaillierte bibliografische Daten sind im Internet über http://dnb.d-nb.de abrufbar.

Danksagung

Ein herzliches Danke an Nicole Rieser für ihre zauberhafte Organisationslogistik.

1. Auflage	August 2022
© 2022	edition riedenburg
Verlagsanschrift	Adolf-Bekk-Straße 13, 5020 Salzburg, Österreich
Internet	www.editionriedenburg.at
E-Mail	verlag@editionriedenburg.at
Illustrationen	© Angelika Suppan Notizblock: Olenapolll/shutterstock.com; Zettelchen: webreg30380/shutterstock.com; verschiedene Schreibgeräte: lutute/shutterstock.com
Lektorat	Dr. Heike Wolter, Regensburg
Satz und Layout	edition riedenburg
Herstellung	Books on Demand GmbH

ISBN 978-3-99082-113-8

Inhalt

KENNST DU DAS AUCH?

Du bist unzufrieden. Mit dir selbst und dem, was dir so in deinem Leben passiert ist. Nur zu gern möchtest du unschöne Erfahrungen abschütteln und selbstbewusster und gelassener auf andere zugehen. Vielleicht möchtest du dich in bestimmten Situationen sogar völlig anders als jetzt verhalten?

Du bist bereit, weißt aber noch nicht, wie du es anstellen sollst? Wir helfen dir! Seite für Seite stellen wir dir Möglichkeiten vor, wie du achtsamer mit dir umgehen und deine Gefühle richtig deuten und steuern kannst. Wir liefern auch Ideen, wie du Phasen starker Anspannung meisterst, ohne dir selbst zu schaden. Nebenbei erfährst du, wie du besser mit anderen klarkommst und bestehende Freundschaften bewahrst oder sogar offener für neue wirst.

Am Ende des Buches kennst du dich viel besser und bist mit jeder Menge Skills vertraut, die dein Leben angenehmer machen.

Lies dieses Buch in der Reihenfolge, die dir gefällt. Schau dir das Inhaltsverzeichnis an oder blättere einfach mal durch. Ziemlich sicher landest du bei einem Thema, das dich im Moment besonders interessiert.

Nimm dir Zeit und halte deinen Stift parat. Denn dieses Buch ist mehr als ein Buch. Du kannst nämlich deine Gedanken zu jedem Thema direkt reinschreiben und es so zu deinem persönlichen Handbuch machen.

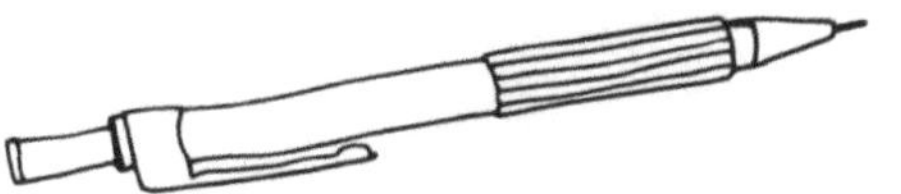

GEHT ES DIR ÄHNLICH?

Kommst du dir blöd vor oder fühlst du dich allein und unverstanden mit dem, was du erlebt hast?

Hier findest du verschiedene Geschichten, die uns Jugendliche in deinem Alter erzählt haben. Sie wurden gekränkt, zurückgewiesen, fühlten sich missverstanden oder sind durch etwas verunsichert worden. All das hat häufig weitreichende Folgen.

Vielleicht war es bei dir auch so. Oder so ähnlich ...

Celine, die gehänselt wird

Celine wird von den Jungen in der Klasse gehänselt. Das macht sie traurig und sie muss weinen. Vor allem die Jungen finden es lustig, wenn Celine weint. Celine schämt sich deshalb und fragt sich, was mit ihr nicht stimmt. Sie findet keinen Grund. Irgendwann fühlt sich Celine selbst immer unwohler. Sie zieht sich zurück. Die Lehrer beklagen ihre fehlende Mitarbeit.

Kennst du jemanden, der wie Celine gehänselt oder gemobbt wurde oder gemobbt wird?

Ja ☐ Nein ☐

Wie ist es mit dir? Kennst du das auch von dir?

Ja ☐ Nein ☐

Wie denkst du über Personen, die sich über andere lustig machen und gemein zu ihnen sind?

Emily, die wütend ist

Emily ist ein fröhliches Mädchen. Sie kümmert sich gerne um andere und ist eine gute und treue Freundin. Emily hat aber auch eine sehr wilde und streitlustige Art. Ihre Freundinnen wenden sich deshalb immer wieder von ihr ab. Das macht Emily traurig und wütend. Doch Emilys Wut macht dann noch mehr kaputt.

Kennst du jemanden, der zwei so extrem unterschiedliche Seiten wie Emily hat?

Ja ☐ Nein ☐

Was ist supergut und superblöd an Freunden, Freundinnen wie Emily?

Was könnte Emily lernen, damit ihre Wut nicht noch mehr kaputt macht?

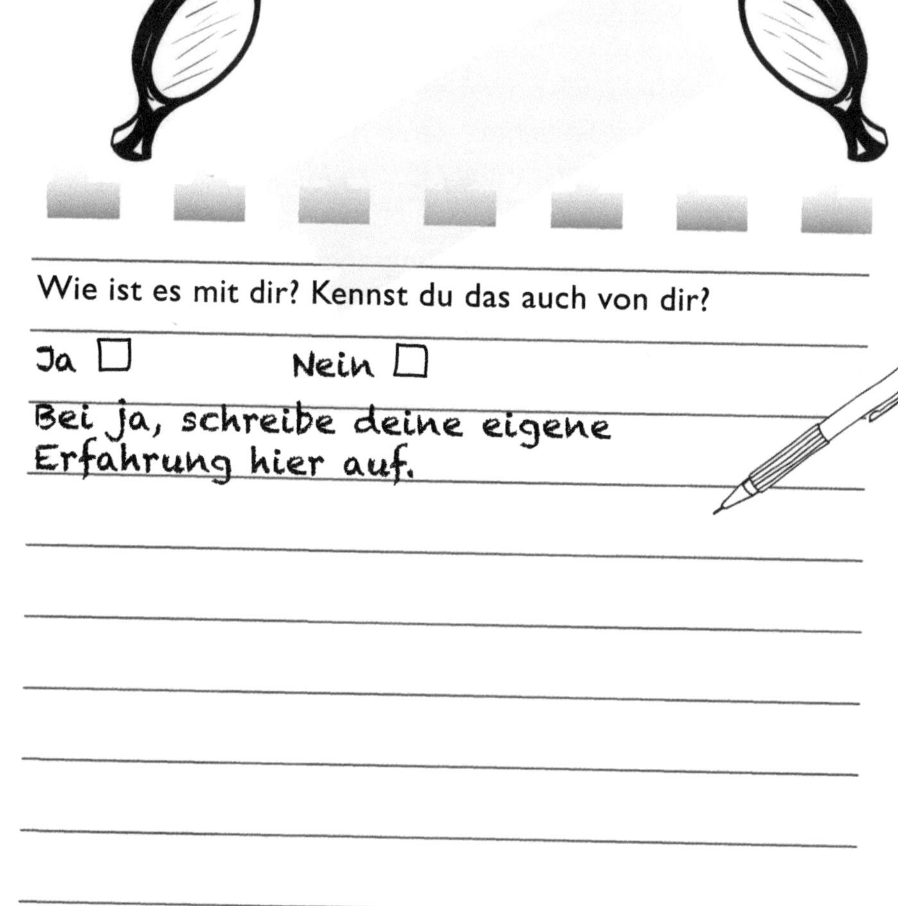

Wie ist es mit dir? Kennst du das auch von dir?

Ja ☐ Nein ☐

Bei ja, schreibe deine eigene Erfahrung hier auf.

Thomas, der Angst vor Prüfungen hat

Thomas lernt viel, denn er möchte ein guter Schüler sein. Leider hat er fürchterliche Prüfungsangst. In der Prüfung fühlt sich sein Kopf leer an und sein Herz galoppiert. Bei mündlichen Prüfungen bekommt er keinen Ton raus. Seine Mitschüler fangen dann zu tuscheln und zu kichern an, die Lehrer werden ungeduldig. Das verschlimmert die Situation noch mehr. Auch die Eltern verstehen Thomas nicht und reagieren enttäuscht. Er zieht sich immer mehr zurück. Beim Computerspielen hat er einen Tarnnamen, ist anonym und erfolgreich. Dafür erntet er reichlich Anerkennung. Wenn er aber an die Schule denkt, bekommt er Bauchweh. So kommt es, dass er immer öfter zu Hause bleibt.

Kennst du jemanden, der Prüfungsangst hat?

Ja ☐ Nein ☐

Wovor genau haben Jugendliche wie Thomas Angst?

Was braucht Thomas, damit sein Bauchweh verschwindet?

Wie ist es mit dir? Kennst du das auch von dir?

Ja ☐ Nein ☐

Bei ja, schreibe deine eigene Erfahrung hier auf.

Anna, die gemein ist

Anna besucht seit einem Jahr das Gymnasium. Alle aus ihrer Klasse haben ein Handy und sind in den sozialen Netzwerken aktiv, auch Anna. Sie ist froh, nach der schwierigen Zeit in der Grundschule endlich dazuzugehören. Als die anderen einen Jungen im Netz bloßstellen und ihm blöde Kommentare schicken, gerät Anna zusehends unter Druck, auch mitzumachen. Eine Mitschülerin hat nämlich in die Klassengruppe geschrieben, dass Anna wohl verliebt in diesen Jungen sei, weil sie sich raushalte. Das bringt Anna dazu, dem Mitschüler eine fiese Nachricht auf seine Schulbank zu schreiben und mit den anderen über ihn zu lästern. Abends, wenn Anna allein ist, fühlt sie sich schlecht. Die Situation erscheint ihr ausweglos.

Kennst du jemanden, der sich aus Gruppendruck heraus zu einer blöden Aktion verleiten hat lassen?

Ja ☐ Nein ☐

Was kann Anna gegen ihr schlechtes Gewissen machen?

Welchen Ausweg gibt es für Anna? Einerseits möchte sie dazugehören, andererseits niemanden verletzen.

Welche Art von Freunden, Freundinnen bräuchte Anna?

Wie ist es mit dir? Kennst du das auch von dir?

Ja ☐ Nein ☐

Bei ja, schreibe deine eigene Erfahrung hier auf.

Aisha, die eine Grenze überschreitet

Aisha ist seit gefühlt ewiger Zeit mit Jessica befreundet. Sie sind in derselben Siedlung aufgewachsen und waren in der Grundschule gemeinsam in einer Klasse. Jetzt, in der zweiten Klasse der weiterführenden Schule, hat Jessica neue Freunde kennengelernt. Jessica und ihre neuen Freunde rauchen Zigaretten und trinken heimlich Alkohol. Aisha hat Angst, Jessica zu verlieren, weil sie nicht mitmacht. So kommt es dazu, dass sie eines Abends bei einem Treffen mit Jessica und ihren Freunden im Hof viel aus einer Flasche Wodka trinkt. Aisha fühlt sich danach sehr schlecht: Sie hat eine Alkoholvergiftung und stürzt. Vorbeigehende Spaziergänger bemerken Aishas Zustand und rufen die Rettung. Als Aisha im Krankenhaus aufwacht, sieht sie, dass ihre Mutter weint. Aisha fühlt sich elend. Das hat sie nicht gewollt.

Kennst du jemanden, der Angst hat, seine Freundin, seinen Freund zu verlieren?

Ja ☐ Nein ☐

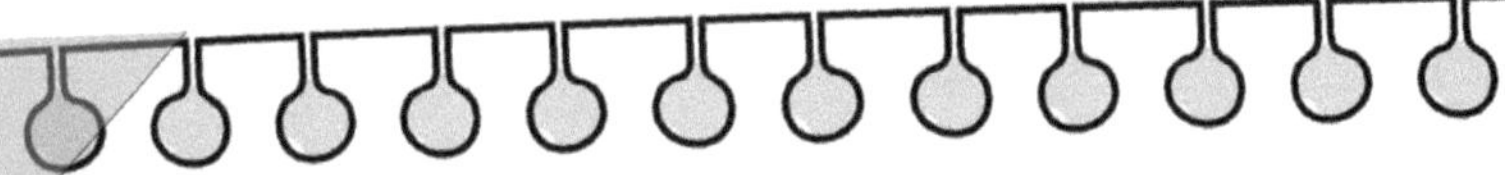

Würdest du dich genauso wie Aisha entscheiden oder welche bessere Idee hättest du?

Was soll oder kann Aisha ihrer Mutter sagen?

Wie kann es mit der Freundschaft zwischen Aisha und Jessica weitergehen?

Wie ist es mit dir? Kennst du das auch von dir?

Ja ☐ Nein ☐

Bei ja, schreibe deine eigene Erfahrung hier auf.

Jakob, der sich nicht Nein-Sagen traut

Jakob hat immer gerne Sport gemacht, besonders mit seinem Bruder Moritz. Aber in der Klasse spielen alle ein brutales Computerspiel, bei dem man andere erschießt. Wer nicht online mitspielt, ist einfach draußen aus der Gemeinschaft. Wenn Jakob beim Computerspielen kurz aus dem Fenster blickt, sieht er, wie sein Bruder allein Skateboard fährt. Jakob ist sauer, dass er nicht den Mut hat, das zu tun, was er wirklich gerne machen möchte. Er traut sich nicht, zur Gruppe Nein zu sagen.

Kennst du jemanden, der in einer ähnlichen Situation ist oder war?

Ja ☐ Nein ☐

Wie denkst du darüber?

Welchen Rat würdest du Jakob geben?

Welche Fähigkeit bräuchte Jakob dringend?

Wie ist es mit dir? Kennst du das auch von dir?

Ja ☐ Nein ☐

Bei ja, schreibe deine eigene Erfahrung hier auf.

Marie, die stiehlt

Fast alle in der Schule haben den schwedischen „In"-Rucksack. Aber der ist teuer. Marie lebt mit ihrer alleinerziehenden Mutter und ihrem jüngeren Bruder in einer kleinen Wohnung und das Geld ist knapp. Fast jeden Abend gibt es Streit, weil Marie ihre Mutter beschuldigt, ihr den Rucksack nicht kaufen zu wollen. Und das, obwohl Marie ganz genau weiß, dass sich ihre Mutter den teuren Rucksack einfach nicht leisten kann. Eines Tages nimmt Marie heimlich Geld aus der Weihnachtskassa in der Küchenschublade. Den damit gekauften Rucksack versteckt sie. Eigentlich hasst sie den Rucksack, weil er daran schuld ist, dass ihr Bruder jetzt kein Geschenk zu Weihnachten bekommen wird.

Kennst du jemanden, der seine Mutter oder seinen Vater bestohlen hat?

Ja ☐ Nein ☐

Was ist dein erster Gedanke, wenn du an Maries Mutter und ihren Bruder denkst?

Was glaubst du, wann wird Marie ihren Rucksack ohne schlechtes Gewissen benutzen können?

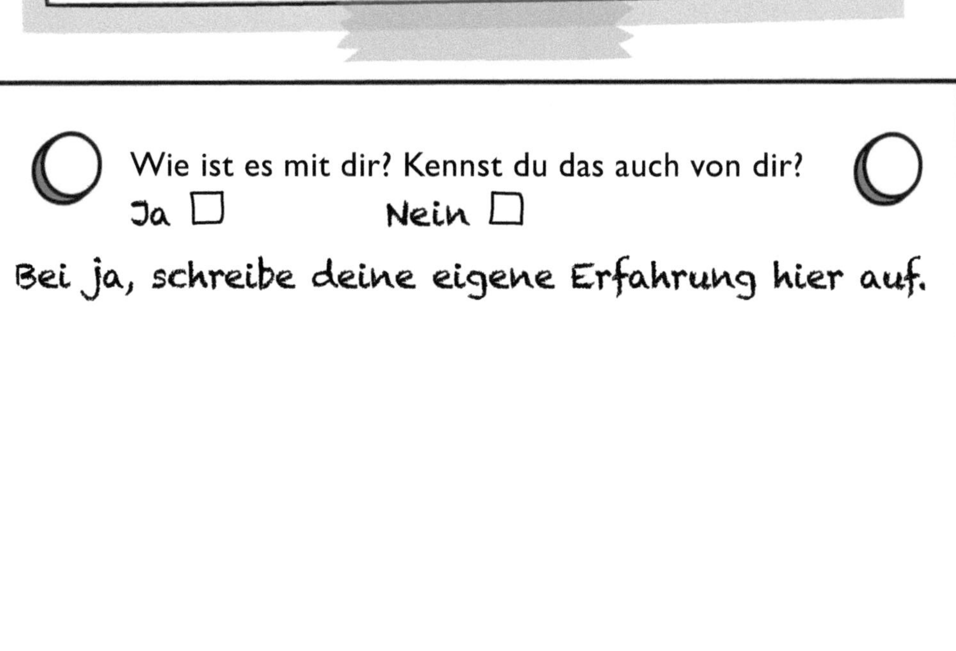

Wie ist es mit dir? Kennst du das auch von dir?

Ja ☐ Nein ☐

Bei ja, schreibe deine eigene Erfahrung hier auf.

Hanna, die belogen wird

Eigentlich findet Hanna Lukas toll. Doch ihre Freundin Nadine sagt, er sei ein peinlicher „Verlierer“ und jede, die mit ihm geht, sei ebenso peinlich und lächerlich. Hanna beantwortet keine der Nachrichten, die ihr Lukas schickt. Sie hat Angst, von Nadine ausgelacht zu werden. Seit einigen Wochen hat sich Nadine nicht mehr oft bei Hanna gemeldet. Und wenn, dann war sie kurz angebunden. Heute erfährt Hanna von einer anderen Freundin, dass Nadine schon seit drei Wochen mit Lukas zusammen ist.

Kennst du jemanden, der auch so hintergangen wurde?

Ja ☐ Nein ☐

Wie denkst du, hat sich Hanna gefühlt, als sie von Nadines Beziehung zu Lukas erfahren hat?

Was sagt das Verhalten von Nadine über sie aus?

Wie ist es mit dir? Kennst du das auch von dir?

Ja ☐ Nein ☐

Bei ja, schreibe deine eigene Erfahrung hier auf.

Florian, der angibt

Florian ist ein Angeber und er weiß das auch. Immer spricht er davon, wie toll er ist und welche teuren Markensachen er besitzt. In Wahrheit weiß Florian genau, dass die anderen davon genervt sind und deshalb schlecht über ihn reden. Doch er kommt aus der Sache nicht mehr raus. Er hat schon so viele Lügen erzählt, dass ihn die anderen noch mehr ablehnen würden, wenn er jetzt damit aufhören würde.

Kennst du jemanden, der wie Florian angibt, um besser bei den anderen dazustehen?

Ja ☐ Nein ☐

Was bringt Florian dazu, trotz der Nachteile weiterhin zu schwindeln?

Was muss passieren, damit Florian mit dem Schwindeln aufhören kann?

Wie ist es mit dir? Kennst du das auch von dir?

Ja ☐ Nein ☐

Bei ja, schreibe deine eigene Erfahrung hier auf.

Tipp: Im vorletzten Kapitel ab Seite 131 erfährst du, was sich bei den Jugendlichen zwischenzeitlich getan hat und wie es ihnen jetzt geht.

SKILLSTRAINING FÜR MEHR ACHTSAMKEIT

Wir alle neigen heutzutage dazu, mehrere Tätigkeiten gleichzeitig auszuführen. So telefonieren oder schreiben wir mit jemandem, während wir einkaufen oder spazierengehen. Wir verbringen sogar viel Zeit am Smartphone und sind mit unseren Gedanken woanders, obwohl wir gerade mit Freunden zusammen sind oder andere Aufgaben erledigen sollten.

Die Aufmerksamkeit ständig teilen zu müssen und abgelenkt sein, erzeugt großen Stress. Das erkennst du daran, dass du dich innerlich angespannt und leer fühlst. So warst du beispielsweise in der Schule, hast unter der Bank heimlich mit deiner Freundin gechattet und dazwischen mit deiner Sitznachbarin geredet.

Vielleicht ist manches nicht so gelungen, wie du es dir gewünscht hast. Möglicherweise warst du bei der schriftlichen Überprüfung mit den Gedanken ganz beim Streit, den du mit deiner Freundin gerade online austrägst, und hast den Test deshalb vermasselt. Schließlich konntest du deine Sicht der Dinge nicht genau erläutern, weil du dich ja auf den Test vorbereiten musstest. Und am Ende des Tages hast du das Gefühl, versagt zu haben, obwohl du dein Bestes geben wolltest.

Oft hat man das Gefühl, wenn Vieles gleichzeitig erledigt wird, ginge alles schneller. Ist das wirklich so? Wie denkst du darüber?

Hilf dir: Sei achtsamer

Möchtest du einmal etwas Neues ausprobieren? Dann widme dich der Achtsamkeit. Das Wort Achtsamkeit ist in aller Munde, doch was bedeutet es wirklich? Es bedeutet, mit etwas oder jemandem aufmerksam und wertschätzend umzugehen. Wenn dir etwas sehr wichtig ist, behandelst du es achtsam. Du achtest also darauf, dass beispielsweise dein Handy oder deine Lieblingskleidungsstücke heil bleiben, anstatt kaputt oder verloren zu gehen.

Doch in Wirklichkeit bist du selbst noch viel wertvoller als die Dinge um dich herum. Achtsam sein bedeutet, sich besser zu spüren und angemessener zu reagieren. Denn zu viele oder zu intensiv auf dich einströmende Sinneseindrücke können dich überfordern.

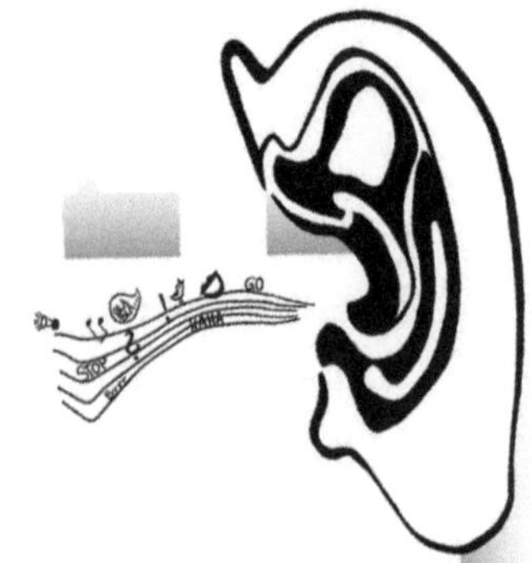

Fällt dir eine Situation ein, wo dir alles zu laut war?

Fällt dir eine Situation ein, in der du deine Gedanken nicht zu Ende denken konntest, weil du immer wieder gestört wurdest?

Fällt dir eine Situation ein, in der du dich unter zu vielen Menschen unwohl gefühlt hast?

Hilf dir: Schärfe deine Sinne

Um Achtsamkeit zu üben, laden wir dich ein, deine Sinne zu schärfen. Versuche herauszufinden, was du wahrnimmst.

Höre bewusst

Höre doch mal bewusst hin. Welche Geräusche nimmst du in deiner momentanen Umgebung wahr? Wähle ein Geräusch aus und höre gut zu. Wie wäre es mit dem Zwitschern eines Vogels? Schreibe nun auf, was du beobachtest.

Was hörst du jetzt genau?

Wie nimmst du normalerweise deine Umgebung wahr?

Welchen Unterschied macht es, wenn du bewusst hinhörst?

Vergleiche, wie du sonst im Alltag deine Umgebung wahrnimmst und wie es sich jetzt anfühlt.

Was bemerkst du?

Spüre bewusst

Zieh doch mal deine Schuhe und Socken aus und gehe barfuß. Spüre bewusst den Untergrund, zum Beispiel den Teppich-, Holz- oder Steinboden bei dir zu Hause oder vielleicht einmal draußen in der Natur das Gras, die Steine, die Erde, das Moos, die Tannenzapfen oder die Wurzeln. Konzentriere dich ganz auf das Gefühl, das du barfuß wahrnimmst. Rolle deine Füße bewusst ab und achte auf die Unterschiede.

Was empfindest du als belebend?

Was empfindest du als entspannend?

Welcher Untergrund hat sich am besten angefühlt?

Rieche bewusst

Nimm Witterung auf! Steck deine Nase in die Luft und achte auf all die verschiedenen Düfte deiner Umgebung, zum Beispiel den Geruch von frisch gekochtem Essen, Gewürzen, Blumen, Duschgel, Shampoo oder nassen Hundehaaren.

Was riechst du?

Was davon riecht angenehm?

Was davon riecht unangenehm?

Woran erinnern dich die Gerüche?

Schmecke bewusst

Gönn dir Gutes! Genieße deine Lieblingsspeise, ein Eis, frisch gepflückte Himbeeren oder was auch immer dich anlacht. Lass es dir genüsslich auf der Zunge zergehen und erschmecke den Leckerbissen bis ins Detail.

Entdecke Neues

Nimm deine Umgebung bewusst wahr. Vielleicht entdeckst du ein Detail, das dir noch nie zuvor aufgefallen ist. Achte auf die Farben in deiner Umgebung. Zähle zum Beispiel, wie viele Schattierungen einer Farbe du wahrnehmen kannst.

Wo bist du?

Was siehst du Neues?

Welche Farben entdeckst du?

Wie viele Farbschattierungen kannst du erkennen?

Was beobachtest du?

Handle wohlüberlegt

Versuche dich beim Mikadospiel. Denn hier musst du genau beobachten, wie die Stäbchen liegen, und bedacht vorgehen. Manchmal ist es nötig, ein Stäbchen geschickt wegzurollen oder unter den Stab zu zielen und ihn entschlossen hochzuwerfen. Das Leben ähnelt dem Mikadospiel: Mal erscheint es schier unmöglich, einen erfolgreichen Zug zu machen, und manchmal geht alles spielend leicht von der Hand.

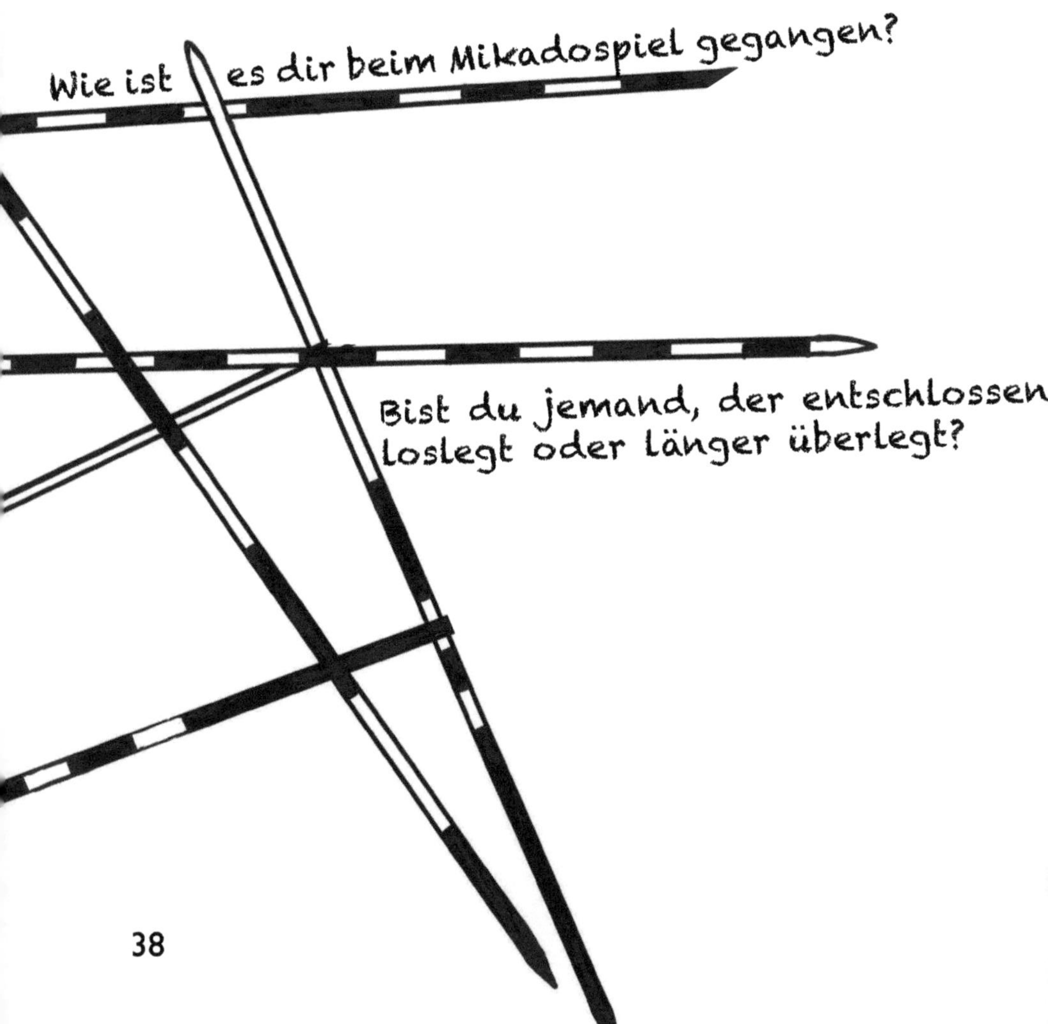

Durch welche Strategie hast du gepunktet?

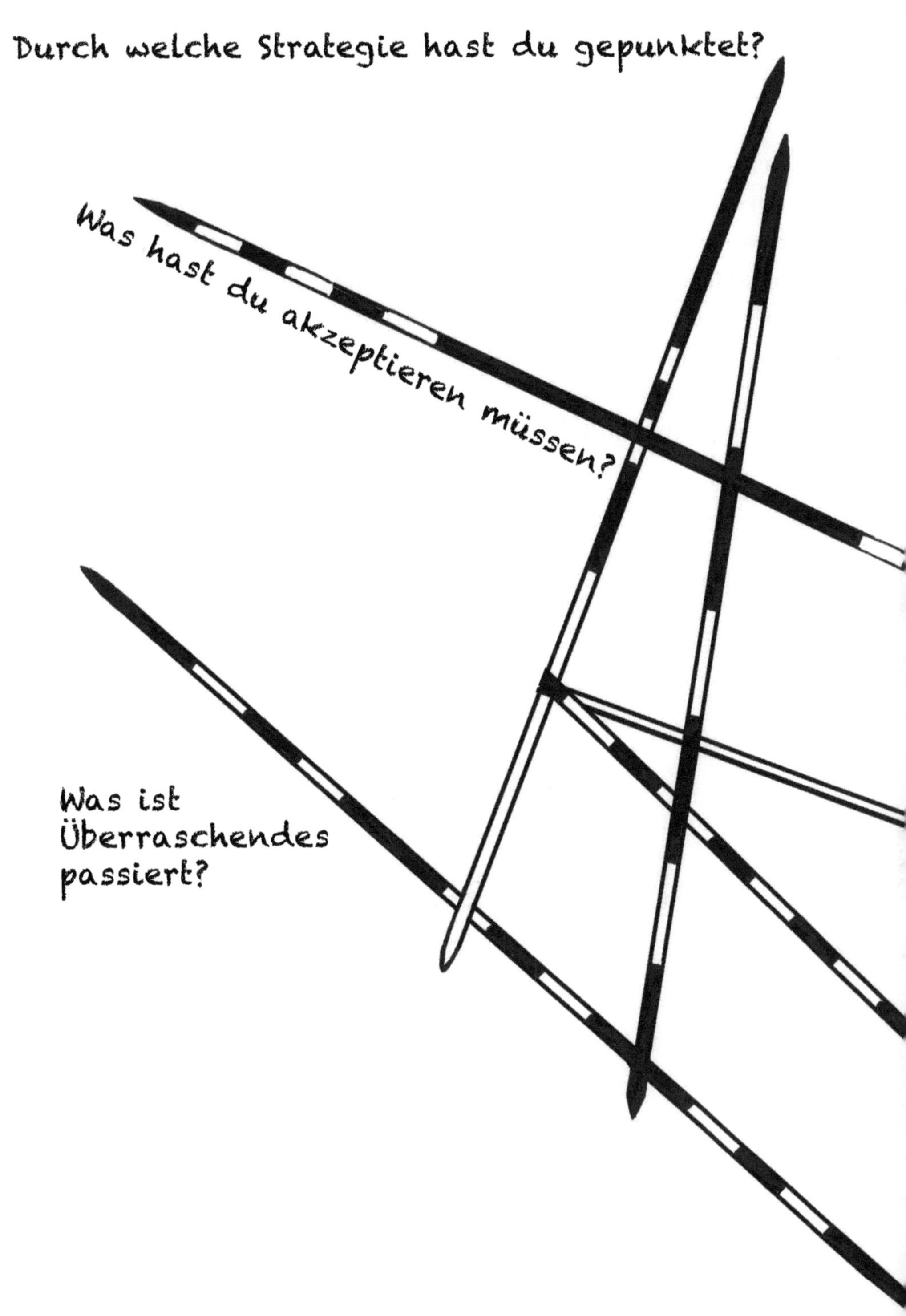

Mache Eins nach dem anderen

Probiere aus, an einem Tag nur eine Sache nach der anderen zu machen. Verzichte bewusst auf Gleichzeitigkeit. Esse nur, anstatt zu essen und währenddessen auch am Smartphone zu sein. Gehe nur, anstatt dich beim Gehen zu unterhalten. Widme dich völlig deinem Gegenüber, wenn du dich unterhältst. Räume nur dein Zimmer auf, ohne nebenbei Fernsehen zu schauen. Putze dir nur die Zähne, ohne gleichzeitig Radio zu hören.

Wie ist es dir dabei gegangen?

Was hast du beobachtet?

Es gibt viele Wege, Achtsamkeit zu erleben
und mit sich achtsam zu sein.
Was sind deine bevorzugten Wege?

SKILLSTRAINING FÜR BESSERE STRESSBEWÄLTIGUNG

Überforderung erzeugt Stress und Stress ist eine komplizierte Sache. Doch überhaupt keinen Stress zu haben ist auch nicht unbedingt das Beste. Es gibt nämlich auch guten Stress, wie zum Beispiel die Vorbereitung auf ein Fest oder eine Aufführung. Zwar sind alle unter Druck, aber sie freuen sich darauf und danach fühlt es sich richtig gut an. Es gibt aber auch schlechten Stress, wie Stress in der Schule oder Streit mit Freunden oder Eltern.

Was stresst dich?

Stress kann so massiv wie ein riesiger Berg erlebt werden.

Schreibe daher in das Bergpanorama, welche Dinge dich stressen.
Denke an deine Familie, deine Freunde, die Schule/Ausbildung oder deine Freizeit.
Ein hoher Berg steht für ein hohes Stresslevel.

Wo spürst du Stress?

Zeichne es ein.

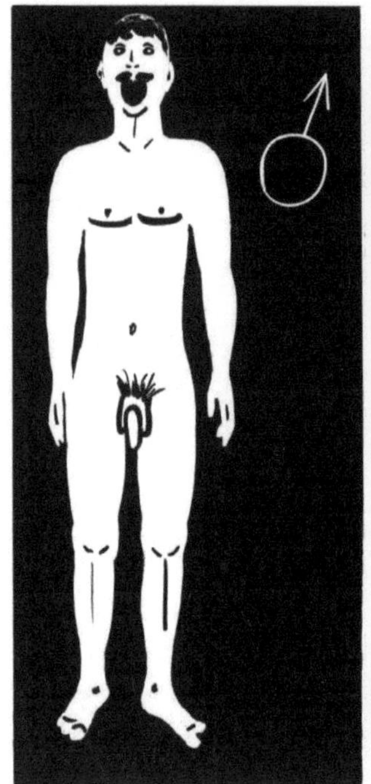

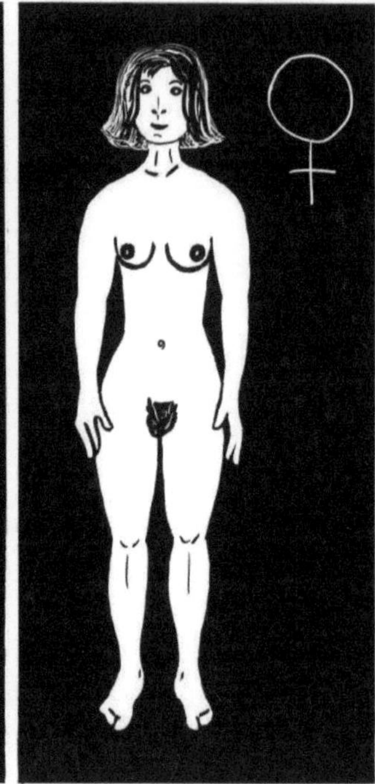

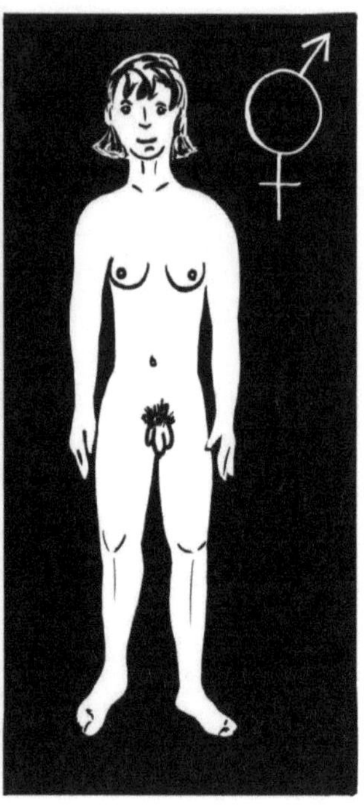

Schreibe nun auf, wie sich der Stress genau anfühlt. Z.B. ob dein Herz rast oder du dich innerlich ganz angespannt fühlst.

Oft handeln wir aus dem Stress heraus impulsiv und übereilt und treffen manchmal sogar Entscheidungen, die uns noch mehr stressen.

Die gute Nachricht ist: Egal, wie stressig es ist, die Zeit nachzudenken und nachzufühlen bleibt immer. Aber woher kommt das Gefühl, sofort handeln zu müssen? Für die Antwort müssen wir ein großes Stück in der Menschheitsgeschichte zurückgehen. Damals in der Steinzeit waren die Bedrohungen ganz andere, zum Beispiel wilde Tiere oder plötzlich hereinbrechende Unwetter. Hier war es noch nötig, sofort zu handeln.

Heute können wir in den meisten Situationen anders reagieren, aber unser Körper hat noch immer den Impuls gespeichert, sofort zu handeln. Zumeist sind wir mit Situationen befasst, die es uns erlauben, uns zuerst zu beruhigen und dann eine Entscheidung zu treffen.

Bist du gestresst, dann stelle zuerst einmal fest, was gerade läuft.

Was stresst dich gerade?

Wie sehr stresst es dich?

0 gar nicht — 10 sehr stark

Was möchtest du am liebsten sofort tun?

Was fällt dir an deiner Situation noch auf, wenn du etwas länger nachdenkst?

Wie könntest du noch handeln?

Hilf dir: Beruhige dich selbst

Wir haben für dich ein paar Strategien, wie du dein Stresslevel senken kannst. Probiere sie aus und schreibe dann deine Erfahrungen damit auf.

Stress-Killer: Konzentriere dich auf etwas Anderes

Denke an etwas, das dich runterkommen lässt. Spiele zum Beispiel mit dir selbst „Stadt, Land, Fluss". Gehe gedanklich das Alphabet durch. Stoppe bei einem bestimmten Buchstaben und versuche, hierfür eine Stadt, ein Land, einen Fluss oder ein Gewässer, ein Tier, einen Namen, eine Berühmtheit und einen Beruf zu finden.

Du kannst ebenso ein Quiz oder ein Sudoku lösen, Hauptsache du bist gedanklich gefordert, nur eben nicht von deinem Problem.

Worauf könntest du dich das nächste Mal konzentrieren?

Stress-Killer: Probiere etwas Neues aus

Mache etwas Ungewohntes. Höre Musik, die du sonst nie hören würdest. Wie wäre es mit klassischer Musik, Rap, Heavy Metal oder Schlager? Spitze deine Ohren und höre genau hin.

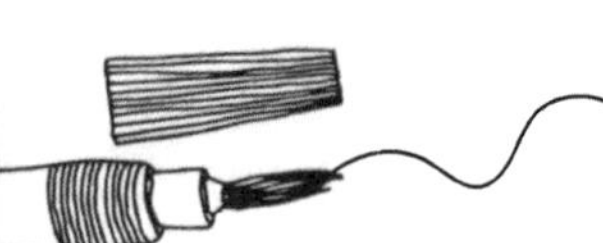

Was hast du Neues ausprobiert?

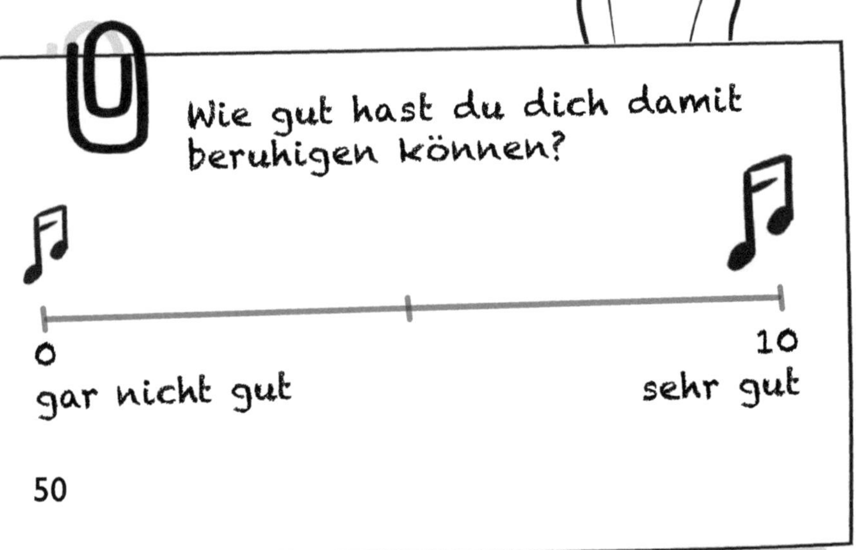

Welche Lieder hast du gehört, bis du dich wieder wohlgefühlt hast?

Stress-Killer: Schenk dir gute Gefühle

Schau dir eine Serie an, die du lustig, inspirierend, fantastisch oder entspannend findest. Schau dir ein Fotoalbum von dir an oder denke an einen lustigen Tag oder ein unterhaltsames Erlebnis. Tue einfach etwas, das gute Gefühle macht.

Wofür hast du dich entschieden, um dich wieder entspannt zu fühlen?

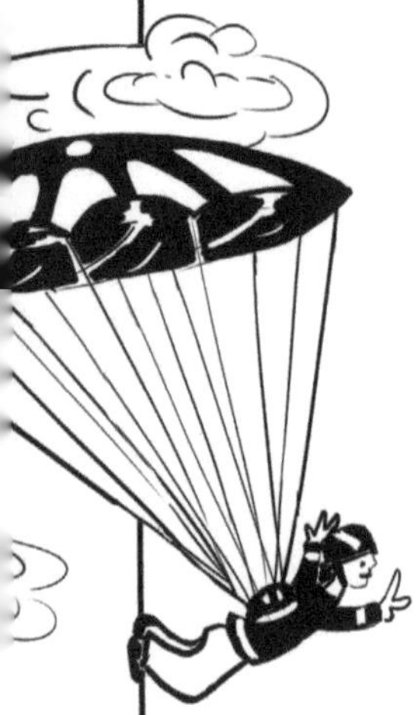

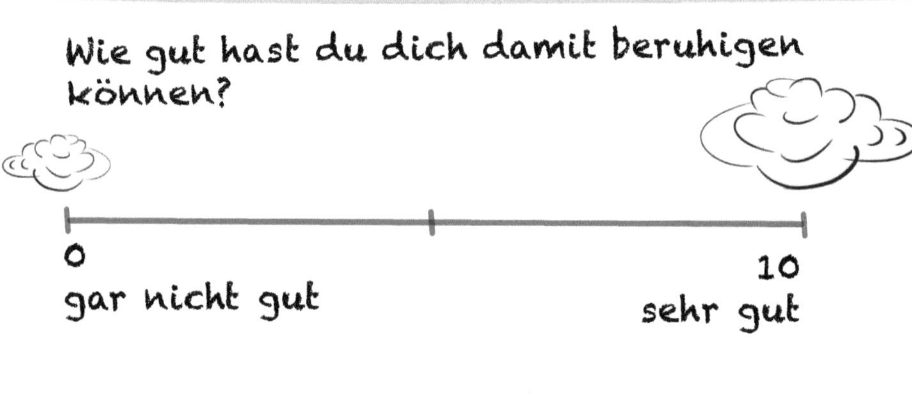

Frag deinen Freund/deine Freundin, wodurch er/sie sich gut fühlt und schreibe es hier auf.

Stress-Killer: Bring jemanden zum Lächeln

Beruhige dich, indem du jemandem etwas Gutes tust, ein Geschenk bastelst oder besorgst. Vielleicht gibt es jemanden in deiner Nähe, der deine Unterstützung benötigt oder sich über deine aufmerksame Geste freut.

Wie bist du auf diese Person gekommen?

Was hat es mit dir selbst gemacht, jemand anderem eine Freude zu bereiten?

Womit hast du jemandem ein Lächeln auf die Lippen gezaubert?

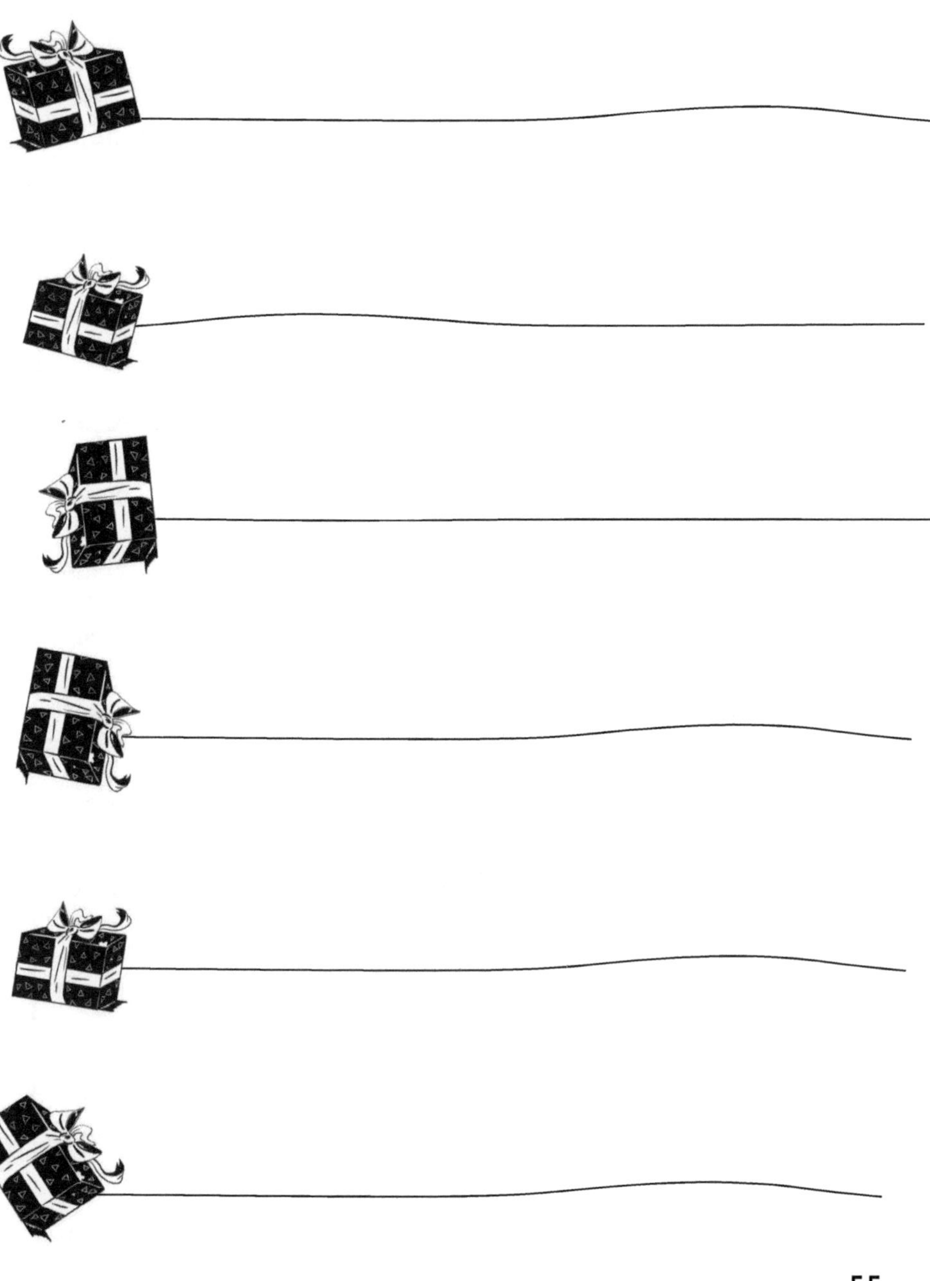

Stress-Killer: Komm in Schwung

Gehe spazieren oder laufen, schwing dich aufs Fahrrad, lerne Jonglieren oder übe einen Handstand. Du kannst auch zu einem Yoga- oder einem Fitness-Video aus dem Internet mitmachen oder einfach nach Zahlen malen, Sticken, Stricken, etwas Feines Kochen, Backen oder dein Zimmer aufräumen.

Was ist mit deinen Gefühlen, deinen Gedanken und deinem Körper passiert, als du aktiv geworden bist? Welche Veränderung hast du konkret bemerkt?

Stress-Killer: Mache eine Traumreise

Vielleicht warst du schon mal am Meer, an einem wunderschönen See oder hast ein traumhaftes Bergpanorama genossen. Versuche, in deinen Gedanken dorthin zurückzugehen und alles im Detail erneut zu erleben. Möglicherweise hast du auch einen Ort, den du unbedingt besuchen möchtest. Reise in deinen Gedanken an dein Traumziel.

Wohin sind deine Gedanken geflogen?

Zeichne den schönsten Eindruck deiner Traumreise auf.

Wozu hat dich die Traumreise beflügelt?

Stress-Killer: Baue eine Mauer

Stell dir die stressauslösende Situation vor. Dann schaffe Abstand zwischen dir und der unguten Situation, um gedanklich Platz für die Mauer zu machen. Zuerst planierst du den Boden. Lege dann in deinen Gedanken Ziegelstein um Ziegelstein nebeneinander. Trage mit dem Spachtel die Zementschicht auf. Reihe um Reihe, Ziegel um Ziegel. So lange, bis du die stressauslösende Situation nicht mehr siehst.

Du kannst die fertige Mauer verputzen und je nach Belieben bemalen oder mit Kletterpflanzen bewachsen lassen.

Zeichne hier ein Bild von deiner Mauer.

Stress-Killer: Verwöhne dich

Beruhige dich, indem du dich zu Hause verwöhnst. Tauche in entspannende Musik ein, nimm ein duftendes Schaumbad, pflege dich anschließend mit einer angenehmen Körpercreme. Umgib dich mit einem wohlriechenden Duft, betrachte Fotos oder Bilder, die schöne Erinnerungen oder Gefühle erzeugen. Vielleicht ist auch eine Gesichtsmaske das Richtige für dich.

Wie kannst du dich am besten verwöhnen?

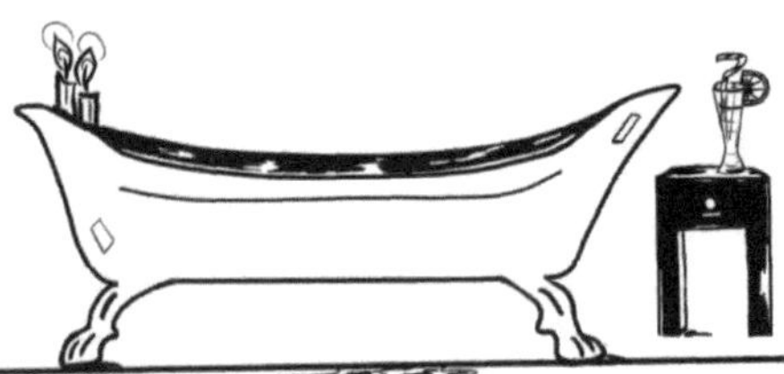

Was gönnen sich deine Eltern, wenn sie sich etwas Gutes tun wollen?

Schreibe deine drei Lieblingsdüfte auf.

Mein erster Lieblingsduft ist

...., weil

....

....

Mein zweiter Lieblingsduft ist

...., weil

....

....

Mein dritter Lieblingsduft ist

...., weil

....

....

Stress-Killer: Verbessere den Augenblick

Beobachte deine Situation von außen, als würdest du sie in einem Film sehen oder in einem Buch lesen. Gehe nun die Situation durch, die dich gerade stresst. Konzentriere dich und beantworte die nachfolgenden Fragen.

Wie kannst du dich ermutigen? Kreuze an.

☐ Ich sage mir, dass ich die Situation meistern werde.

☐ Ich sage mir, dass ich die Situation gut überstehen werde.

☐ Ich sage mir, dass ich schon des Öfteren herausfordernde Situationen gemeistert habe.

Wofür macht die Situation Sinn? Kreuze an.

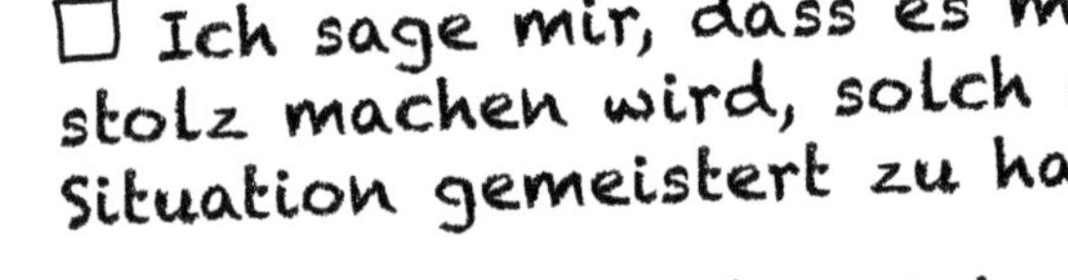

☐ Ich sage mir, dass es mich stolz machen wird, solch eine Situation gemeistert zu haben.

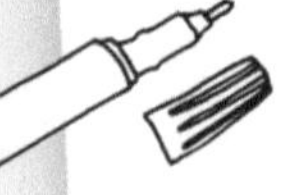

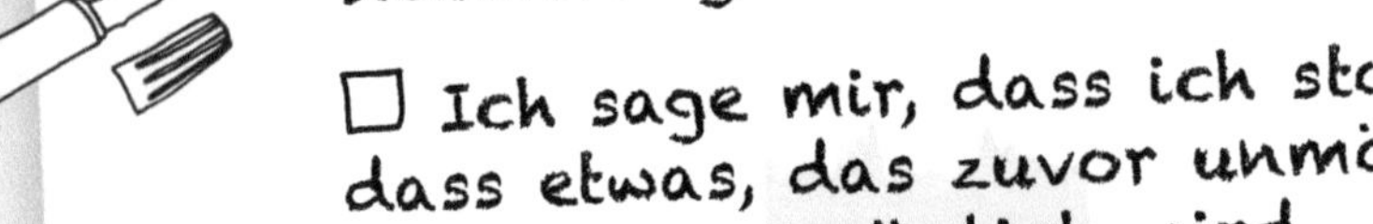

☐ Ich sage mir, dass ich stolz bin, dass etwas, das zuvor unmöglich schien, nun möglich wird.

Welche Nachteile könnte ein unüberlegtes, impulsives Verhalten mit sich bringen?

☐ Ich sage mir, ich könnte mir selbst schaden.

☐ Ich sage mir, ich könnte jenen, die mich ärgern oder kränken, zu viel Aufmerksamkeit schenken.

Welche Vorteile bringt es dir, wenn du den Stress vorerst aushältst und erst später handelst, sobald du klarer siehst?

☐ Ich sage mir, dass ich spüre, dass ich mein Leben selbst in der Hand habe und mir selbst vertrauen kann.

☐ Ich sage mir, dass nichts passiert, was mir später leid tut.

☐ Ich sage mir, dass ich wohlüberlegt gehandelt habe und es dann auch leicht wird, die Folgen meines Handelns vor mir selbst zu vertreten.

Lies dir deine Antworten so lange durch, wie dich die Situation stresst.

Stress-Killer: Erfolge verbuchen

Das Leben ist wie das Meer und du bist der Kapitän/die Kapitänin, der/die das Schiff sicher zum Ziel steuert. Auch wenn es stürmisch ist, hält nämlich der Kapitän, die Kapitänin das Steuerrad fest. Das will geübt werden.

Auch du kannst das lernen. Überlege, welche schwierigen Situationen du bereits gemeistert hast.

Was hast du geschafft?

Wie alt warst du? .... Jahre.

Wie hast du es gemeistert?

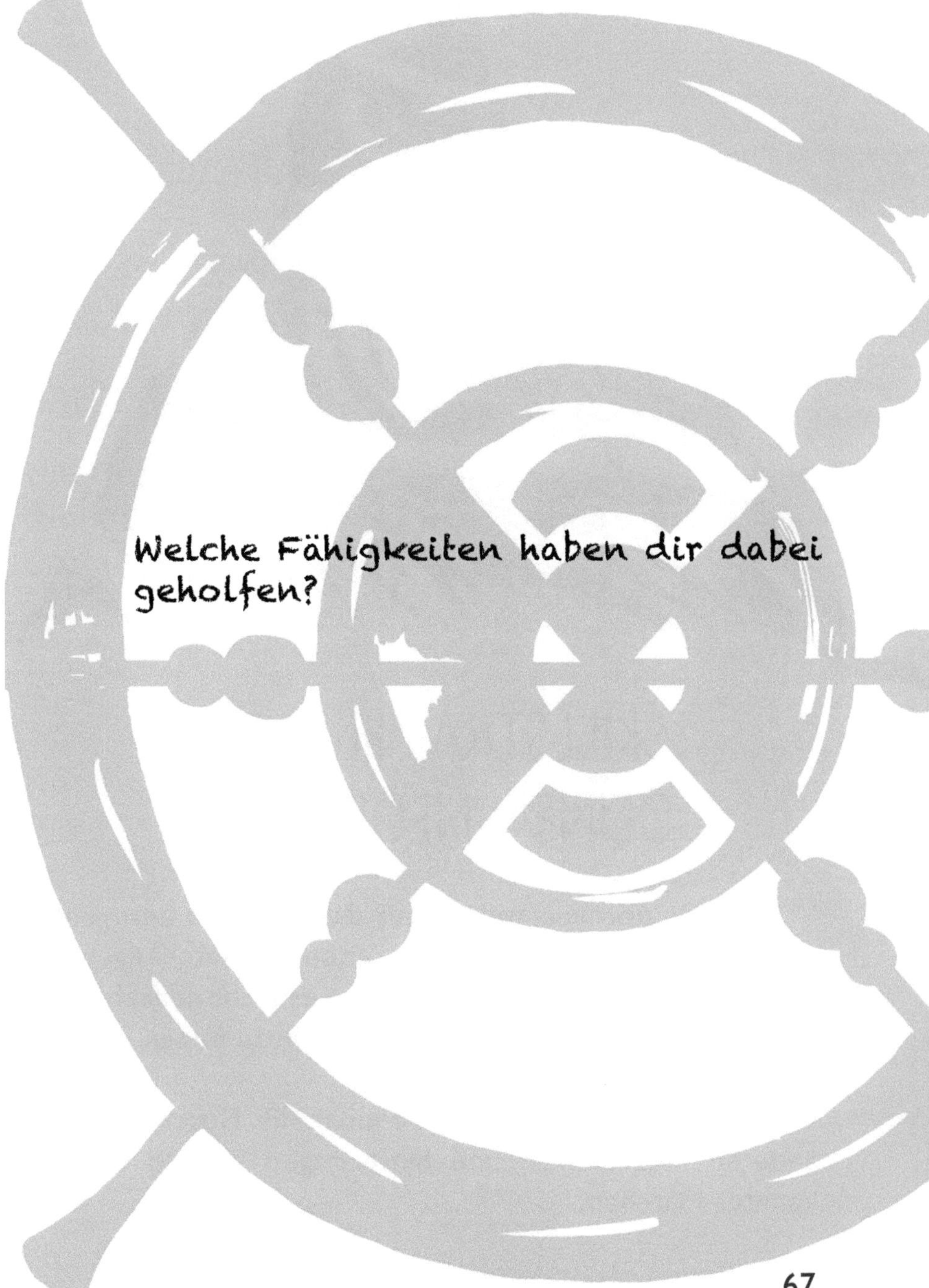

Welche Fähigkeiten haben dir dabei geholfen?

SKILLSTRAINING FÜR DEINEN NEUEN WEG

Wir neigen normalerweise eher dazu, alles so anzugehen, wie wir es gewohnt sind, und selten zu hinterfragen, ob es anders nicht besser wäre. Oft ist es nicht einfach, neue Wege abseits der eigenen Trampelpfade zu finden.

Daher versuchen wir zuerst einmal, die Geschichte von anderen umzudenken und hinterfragen kritisch ein bekanntes Märchen.

Du kennst sicher Dornröschen. Die glücklichen Königseltern geben zur Geburt ihrer lang ersehnten Tochter ein Fest. Nur weil sie einen Teller zu wenig haben, laden sie die vermeintlich böse Fee nicht ein. Diese platzt erzürnt in die Feier und verwünscht Dornröschen. Sie sagt, Dornröschen werde sich an ihrem 16. Geburtstag an der Nadel eines Spinnrades stechen und dann würden alle im Schloss in einen hundertjährigen Schlaf verfallen. Die Eltern verbrennen zwar alle Spinnräder, dennoch versteckt die böse Fee ein Exemplar und schafft es, dass das neugierige Mädchen dieses findet und alles so geschieht wie befürchtet. Dann kommt der Prinz durch die Dornenhecke, küsst sie wach und heiratet sie. Und es heißt: „Und sie lebten vergnügt bis an ihr Ende."

Bei genauerem Hinsehen klingt das nicht nach Happy End. Immerhin heiratet Dornröschen einen völlig Fremden und hat keine Wahl, ihr Leben frei zu gestalten. Daher wollen wir die Geschichte umschreiben.

Ein Vorschlag von uns ist, dass die Königseltern einen weiteren Teller beschaffen und die böse Fee einladen. Es könnte sein, dass sich dadurch alles zum Besseren entwickelt. Denn vielleicht ist die böse Fee gar nicht so böse, sondern nur eine starke Frau, die gerührt von der Einladung ist. Und die Königseltern lernen sie zu schätzen und bitten sie, Dornröschen zu lehren, eine ebenso starke, selbstbestimmte Frau zu werden? Das Umdenken hätte sich wohl gelohnt.

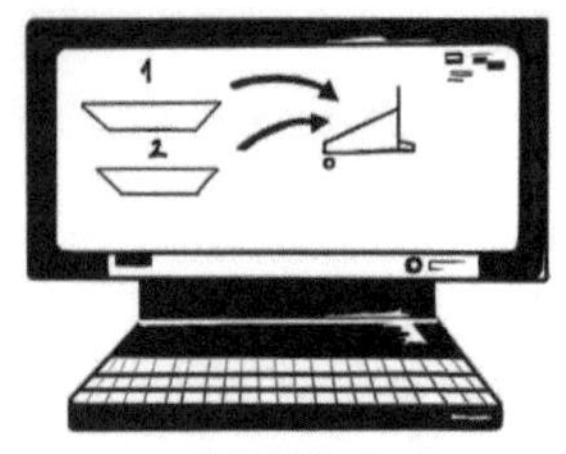

Vielleicht hast du aber auch noch eine andere Idee, welche Veränderung womöglich zu einem anderen Ausgang des Märchens führen würde.

Wie hätten die Königseltern anders handeln können?

Wofür hätte sich ein Umdenken noch gelohnt?

Welche Situation könnte sich in deinem Leben zum Besseren verändern, wenn du dir entgegen aller Vorurteile eine eigene Meinung bildest und jemandem oder einer Sache eine Chance geben würdest?

Bist du innerlich bereit?

Durch ein anderes Verhalten der Königseltern und der bösen Fee hätte die Geschichte völlig anders ausgehen können. Denn was gibt es Wichtigeres, als selbstbestimmt zu sein? Doch genau das wurde Dornröschen in der ursprünglichen Geschichte völlig verwehrt. Sie wurde zum Opfer eines Konflikts, für den sie nichts konnte, und musste den Lauf der Geschichte akzeptieren.

Du hingegen darfst dich gegen alles wehren, was deine persönlichen Grenzen überschreitet, wie zum Beispiel Ungerechtigkeit. Zum Glück gibt es Bewegungen, die uns auf die Verschmutzung des Planeten, sexistisches Verhalten, Rassismus und Ausgrenzung aufmerksam machen.

Dennoch ist es unglaublich wichtig, dass du das, was du verändern kannst, auch zu ändern versuchst. Das klappt am besten, wenn du dich dazu bereit fühlst.

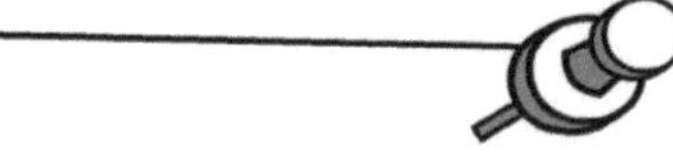

Was ist dir wichtig zu ändern?

Was kannst du dafür tun?

Wir müssen nur wollen!

Manches können wir trotz all unserer Bemühungen nicht verändern, zum Beispiel wo und wie wir aufwachsen, unsere Stärken und Schwächen oder manche Schicksalsschläge. Dornröschen kann auch nicht ändern, dass sie als Königstochter geboren wurde, deren Geburtsparty so ein Chaos auslöst.

In unserer globalen, von sozialen Medien dominierten Welt wird uns manchmal der Eindruck vermittelt, dass wir alles schaffen und alles optimieren müssen. Und dass die anderen das dauernd tun und deshalb alles schaffen. Wenn man sich zum Bespiel in einem Schulfach sehr schwertut, müsste man nach dieser Logik nur genug üben, dann kann man auch sehr gut sein. Wenn man arm ist, müsste man nur fleißig sein, dann würde man auch reich werden.

Aber das stimmt nicht immer und es bringt uns auch dazu, Dingen und Errungenschaften hinterherzulaufen, die es nicht wert sind.

Dabei übersiehst du oft, was du von Haus aus gut kannst, was dich auszeichnet und was dein Leben besonders macht. Vielleicht reicht es aus, in einem Fach, in dem man sich schwertut, einfach nur mit mäßigem Erfolg durchzukommen. Vielleicht machen Geld und Reichtum auch nicht unbedingt glücklich? Engagement bei dem, was man wirklich gerne tut, aber sehr wohl.

Es ist völlig in Ordnung, anzuerkennen, dass es der Lauf der Dinge ist, dass wir manches nicht verändern können – und es daher akzeptieren müssen. So wie Kränkungen der Vergangenheit, Stärken und Schwächen, bestimmte körperliche Erkrankungen, Trennungen und Verluste von liebgewonnenen Menschen.

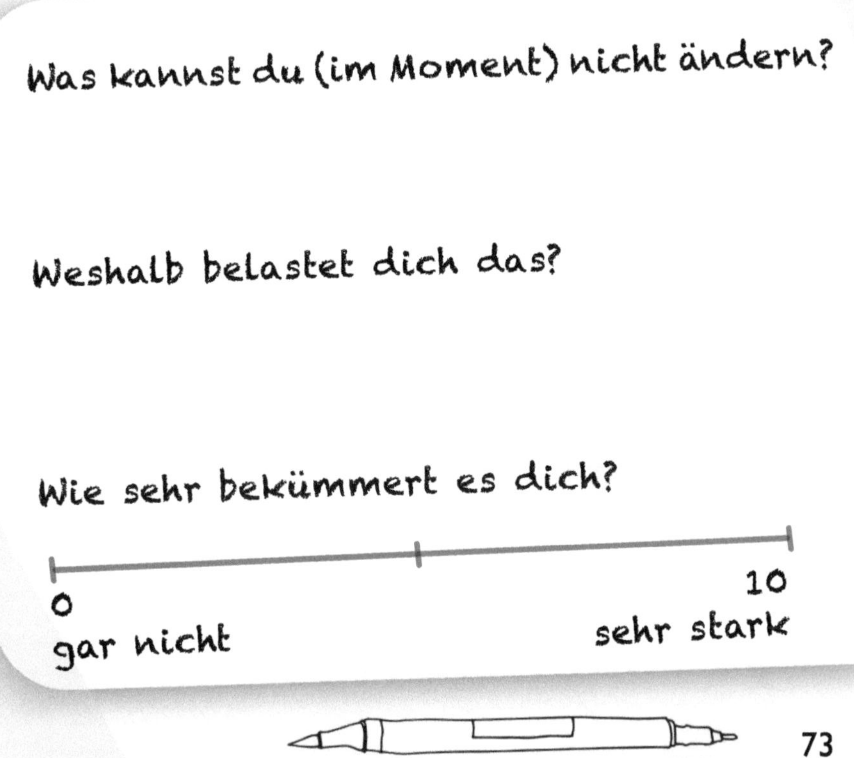

Was du aber kannst, ist, die Sichtweise auf das Unveränderliche zu ändern. Du kannst versuchen, es zu akzeptieren und gleichzeitig loszulassen. Manchmal hilft dabei ein symbolischer Abschied.

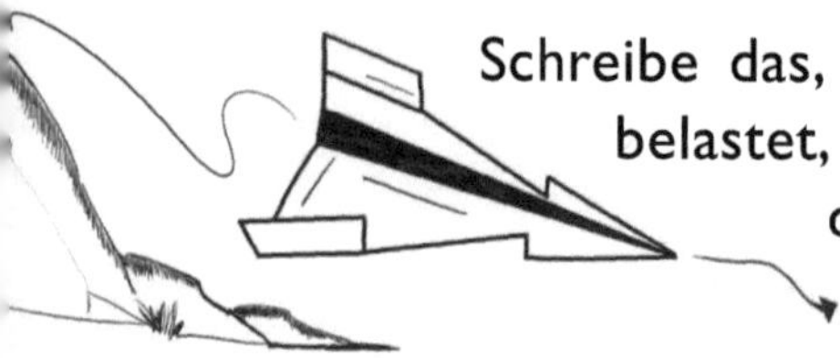

Schreibe das, was unveränderlich ist, aber dich belastet, auf ein Stück Papier. Nun kannst du deiner Fantasie freien Lauf lassen.

Kreuze an: Du kannst mit dem Papier

- ☐ einen Flieger basteln und es von einem Hügel segeln lassen.
- ☐ an einen Fluss gehen und es dort mit einem Faden an ein Stück Holz binden und davontreiben lassen.
- ☐ ein reinigendes Feuer machen und es im Kamin oder in einer Feuerschale verbrennen lassen.

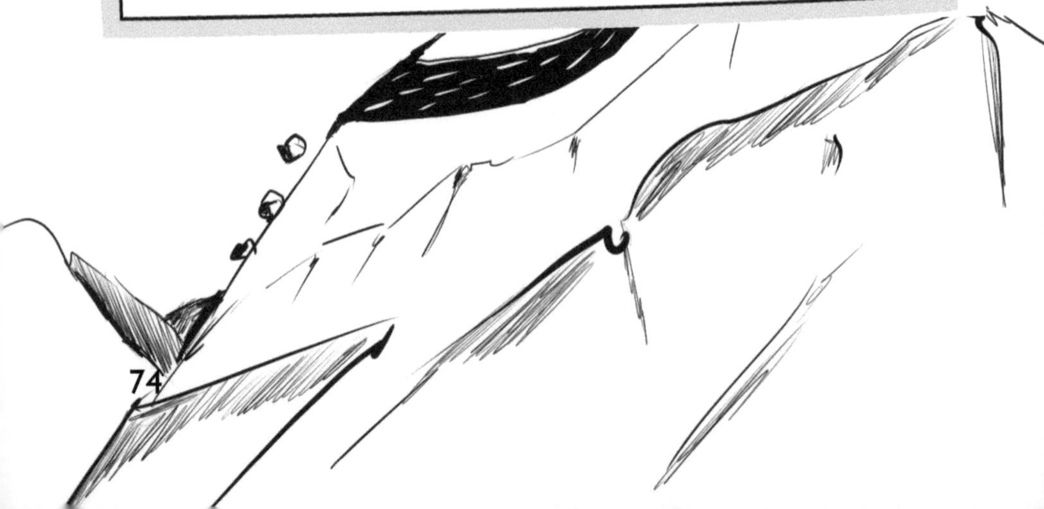

Wie willst du das Unveränderbare, das dich belastet, ziehen lassen?

Was brauchst du noch, damit du es vielleicht besser akzeptieren kannst?

Wie fühlt es sich an, unveränderliche Dinge anzunehmen, wie sie sind?

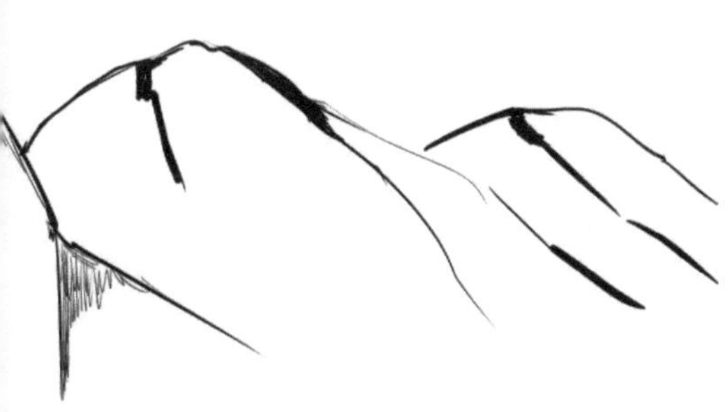

Und zum Schluss:

Was kannst du ändern und was wirst du dafür tun?

Was kannst du momentan nicht ändern und es ist dir gelungen, deinen Groll darüber davonfliegen, davonschwimmen oder in Flammen aufgehen zu lassen?

Wenn du vielleicht ein Weilchen später noch einmal in dein Handbuch schaust, könnte es sein, dass Manches, was zuvor unveränderlich erschien, jetzt veränderlich ist.

SKILLSTRAINING FÜR DEINE GEFÜHLE

Manchmal fällt es schwer, Gefühle zu erkennen und zu benennen. Dann wieder erleben wir mehrere widersprüchliche Gefühle. Es kommt auch vor, dass wir bei anderen Emotionen wahrnehmen, die wir nicht einordnen können oder die uns enttäuschen. Dann wieder ängstigen wir uns davor, unsere Gefühle zu zeigen oder zu fühlen. Wir wollen sie deshalb verstecken oder ihnen aus dem Weg zu gehen.

Hilf dir: Gefühle sind wie ein Blumenstrauß

Welche Gefühle kennst du? Schreibe sie auf.

Du kannst auch alle Gefühle, die dir einfallen, auf verschiedene kleine Kärtchen schreiben. Wähle eine Farbe für jedes Gefühl und gib die Kärtchen in ein Behältnis. Du kannst immer dann, wenn du ein neues Gefühl bei dir selbst oder jemand anderem beobachtest, ein neues Kärtchen hinzufügen.

Um zu verstehen, was in einer bestimmten Situation emotional in dir vorgeht, wähle eine aktuelle Situation und lege alle Kärtchen auf, die auf die Situation zutreffen. Du kannst die aufgelegten Kärtchen abfotografieren. Vielleicht legst du dir ein paar Tage später die Kärtchen ganz anders auf.

Wie Du siehst, sind unsere Gefühle wie ein bunter Blumenstrauß. Es ist ok, dass du in einer Situation mehrere, auch scheinbar gegensätzliche Emotionen empfindest, zum Beispiel kannst du dich auf etwas freuen und gleichzeitig Angst davor haben.

Hilf dir: Verwirrt sein ist ok

Ja, Emotionen sind manchmal verwirrend. Negative und positive Emotionen können sogar gleichzeitig auftreten und dich dann noch mehr verwirren.

Ein Mädchen, das du gerne magst, hat dich zu ihrer Geburtstagsparty eingeladen. Es kommen aber auch andere aus deiner Klasse, mit denen du nicht gut klarkommst. Du hast ein Geschenk gekauft. Allerdings hattest du nicht mehr viel Taschengeld übrig, sodass es eher klein ausgefallen ist.

Vor der Party kommt es nun zum Emotionschaos:

- **Freude** über die Einladung.
- **Hoffnung**, dass eine intensivere Freundschaft entsteht.
- **Ängste**, dass die anderen aus deiner Klasse blöd auf dich reagieren.
- **Scham**, dass das Geschenk nicht ausreichend ist.
- **Mut**, dass du das alles gut schaffen wirst.

Hilf dir: Stärke deine Gefühle

Künstler versuchen, uns mit ihren Werken zu berühren. Sie lösen Gefühle in uns aus und machen Gefühle leichter erlebbar. So bildet Musik für viele Menschen einen Soundtrack zum Leben.

Was sind deine Lieblingslieder ? Beginne mit deiner Nummer 1. Notiere auch, welche Emotionen geweckt werden.

Lied	Emotionen
1.	
2.	
3.	
4.	
5.	

Möchtest du diese Emotionen verstärken?

Ja ☐ Nein ☐

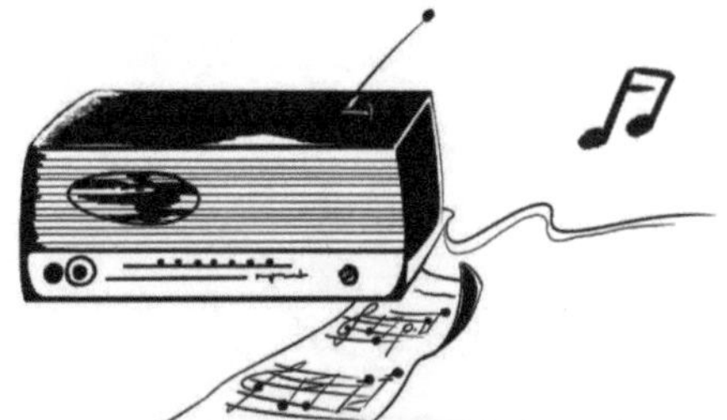

Gibt es vielleicht ein Lied, das dir schwierige Situationen zu meistern hilft?

Ja ☐ Nein ☐

Wie heißt es?

Welche Emotionen ruft es hervor?

Welche Lieder hast du für all die anderen Emotionen? Füge deiner Emotionskiste eine Playlist hinzu. Gibt es Lieder für bestimmte Emotionen?

geliebt ♫

wütend ♫

traurig ♫

freudvoll ♫

ängstlich ♫

hoffnungsvoll ♫

Wie du mitbekommen hast, erlebt man in bestimmten Situationen oftmals mehrere, auch entgegengesetzte Gefühle. Jetzt stellt sich die Frage, welche Gefühle du verstärken möchtest. Man kann sich natürlich durch deprimierende Musik auch noch tiefer in negative Emotionen begeben und das kann manchmal durchaus in Ordnung sein. Auf die Dauer ist es für dich aber sicher wertvoll, auszuprobieren, das Gegenteil zu machen und die positiven Gefühle zu verstärken.

Wenn du dich beispielsweise von jemandem getrennt hast, ist das sicher sehr traurig, es bietet aber gleichzeitig auch Raum für einen Neuanfang oder ermöglicht dir die Freiheit, etwas zu tun, das du bisher aus Rücksicht auf die Person nicht tun wolltest.

Vielleicht wolltest du zum Beispiel kein Schuljahr im Ausland machen, weil du deinen besten Freund nicht allein lassen wolltest. Jetzt, wo die Freundschaft auseinandergegangen ist, kannst du dich für das Auslandssemester in England anmelden.

Hilf dir: Lies Gefühle

Manchmal fällt es schwer, sein Gegenüber zu verstehen. So kann es passieren, dass du versehentlich in einer blöden Situation landest. Lerne, Gefühle zu lesen, dann fällt es dir leichter, einen Ausweg zu finden.

Wie kannst du eigentlich Gefühle bei anderen erkennen? Gesichtsausdruck, Körperhaltung, Gestik sowie Verhalten und Sprache geben Aufschluss über Emotionen. Trainiere deine Fähigkeit, Emotionen zu lesen. Wähle einen Film aus oder lies ein Buch. Achte auf die Emotionen eines Charakters oder einer Person und schreibe sie auf.

Welchen Charakter/Welche Person hast du ausgewählt?

In welche besonderen Situationen gerät er/sie?

Welche Emotionen zeigt er/sie in welcher Situation?

Wie geht er/sie mit seinen/ihren Emotionen um?

Du kannst dies auch zu zweit machen. Anschließend könnt ihr eure Eindrücke miteinander vergleichen. Falls ihr zu unterschiedlichen Sichtweisen gekommen seid, ist das in Ordnung.

Diese Situationen haben wir unterschiedlich wahrgenommen:

Ich	Name:

Womit kann eure unterschiedliche Wahrnehmung zu tun haben?

Hilf dir: Verbinde Gefühle mit Erfahrungen

Jetzt wird es etwas komplizierter. Es lohnt sich dennoch, darüber nachzudenken.

Die Gefühle, die wir in bestimmten Situationen empfinden, haben auch mit unseren vergangenen Erfahrungen und unserem Bild von uns selbst zu tun. Diese Annahmen über sich selbst sind sogenannte Glaubenssätze.

A) Ein berühmter Tennisspieler hat viele große Turniere gewonnen. Er weiß von sich selbst, dass er gut trainiert und ausdauernd ist. Wenn er nun in einem internationalen Turnier spielt, kann er aufgrund seiner bisherigen Erfahrungen auf sich vertrauen. Dieses Selbstvertrauen und der Glaube, Herausforderungen meistern zu können, helfen ihm dabei, die bestmögliche Leistung zu bringen.

B) Ein berühmter Tennisspieler, der in letzter Zeit des Öfteren verloren hat, beginnt, an sich und seinem Team zu zweifeln. Beim nächsten Turnier hat er Angst, zu verlieren, schämt sich für eine mögliche weitere Niederlage und zweifelt daran, jemals wieder gewinnen zu können. Diese negativen Gefühle blockieren ihn innerlich und er macht Fehler, obwohl er gut vorbereitet war.

Selbst, wenn beide Spieler gleich gut wären und gleich viel trainiert hätten: Wer glaubst du, hat bessere Chancen?

Der Tennisspieler aus Beispiel A ☐

Der Tennisspieler aus Beispiel B ☐

Warum?

Gut zu wissen: Sportler haben auch sogenannte Mentalcoaches, die ihnen helfen, mit Niederlagen umzugehen und auch nach harten Tiefschlägen wieder Höchstleistungen in ihrem Sport zu erzielen.

Hilf dir: Nimm der Emotion die Macht

Du kannst davon ausgehen, dass auch bei dir gewisse Erfahrungen und Glaubenssätze eine Auswirkung auf dein Handeln in bestimmten Situationen haben. Spannenderweise ist das natürlich auch bei allen anderen so, mit denen du zu tun hast.

Genau das macht das emotionale Miteinander oft so schwierig: Manchmal erinnert uns eine bestimmte Situation nämlich an ein vorangegangenes Geschehen, obwohl die beiden Situationen eigentlich gar nichts miteinander zu tun haben und ganz andere Personen daran beteiligt sind.

Susi wurde früher in der Volksschule ausgeschlossen. Am ersten Tag im Gymnasium hat sie deshalb viel Angst, in die Schule zu gehen, und verhält sich sehr zurückhaltend. Weil sie zwei Jungs in der Volksschule immer wieder verspottet haben, fühlt sie sich unattraktiv und dumm, obwohl das natürlich gar nicht der Fall ist.

Um zu vermeiden, dass die anderen wieder etwas zu ihr sagen, geht Susi auf Distanz. Weil sie sich sonst hässlich fühlt, legt sie ganz besonders viel Wert auf Markenkleidung und schminkt sich stark, wenn sie zur Schule geht. Die anderen merken, dass Susi sie meidet, und lassen sie in Ruhe. Sie denken, Susi sei eingebildet und möchte nichts mit ihnen zu tun haben. Sie wissen ja nicht, was Susi in der Volksschule erlebt hat.

Susi erkennt aus dem Verhalten der anderen, dass sie keiner mag, und bekommt deshalb oft Bauch- und Kopfschmerzen Weil sie häufig in der Schule fehlt, verliert sie den Anschluss an die Klassengemeinschaft.

Nimm die Vogelperspektive ein. Schaue von außen auf Susis Verhalten und erkenne, was bei ihr falsch läuft.

Wer handelt wie?

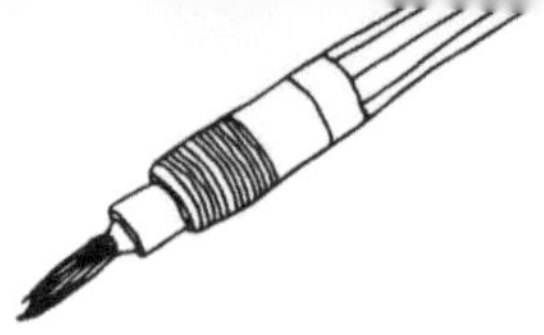

Wenn dich nun die Klassenlehrerin fragen würde, was sie in der verzwickten Situation von Susi machen könnte, was würdest du antworten?

Welche Situationen in der Vergangenheit belasten dich?

Inwiefern wirken sie sich auf das Hier und Jetzt aus?

Jetzt weißt du, wo Stolpersteine liegen könnten, wenn du mit einer schwierigen Situation zu tun hast. Es hilft also, kurz innezuhalten und zu überlegen, ob du aufgrund einer Annahme und nicht der derzeitigen Situation handelst. So tappst du nicht in alte Fallen!

Hilf dir: Schütze dich vor Verwundbarkeit

Wenn wir uns nicht wohlfühlen, neigen wir dazu, dünnhäutig zu werden. Vieles, was uns sonst nicht so aufregt, macht uns dann betroffen und führt zu starken Reaktionen.

Wie kannst du dich davor schützen, verwundbar zu sein, weil du am Limit bist? Erinnere dich, dass du wertvoll bist. Lenke deine Aufmerksamkeit direkt auf dich selbst und achte auf dich.

Am besten schützt du dich, wenn ...

1. Du dich ausgewogen ernährst. Iss weder zu viel noch zu wenig. Vermeide Nahrungsmittel, von denen du weißt, dass sie dir nicht guttun und dich anfällig für Stimmungsschwankungen machen. Bei manchen Menschen sind das Schokolade, Kaffee oder Energy Drinks, welche du am besten von Vornherein weglässt.

2. Du ausreichend (8 bis 9 Stunden) und gut schläfst.

3. Du dich jeden Tag körperlich betätigst, indem du eine längere Strecke zu Fuß gehst oder mit dem Fahrrad fährst.

4. Du versuchst, jeden Tag etwas zu erledigen, was du realistisch bewerkstelligen kannst. Das gibt dir ein gutes Gefühl und hilft dir, deine Aufgaben im Blick zu haben.

5. Du auf dein körperliches und psychisches Wohlbefinden achtest. Sprich mit einem Psychologen, mit einer Psycho-

therapeutin, wenn du dir selbst oder trotz Unterstützung von Eltern und/oder Freunden nicht mehr zu helfen weißt.

6. Du die Finger von schädlichen Substanzen (Alkohol, Drogen, Nikotin und anderen Stoffen) lässt, auch wenn andere dich dazu drängen.

7. Du deine privaten Rechte auch im Internet schützt. Sei dir bewusst, dass jedes verschickte Bild, jede gepostete Nachricht im schlimmsten Fall missbraucht werden kann.

8. Du Hindernisse nicht als Rückschlag, sondern als Herausforderung empfindest.

9. Du Herausforderungen zuversichtlich und entschlossen anpackst.

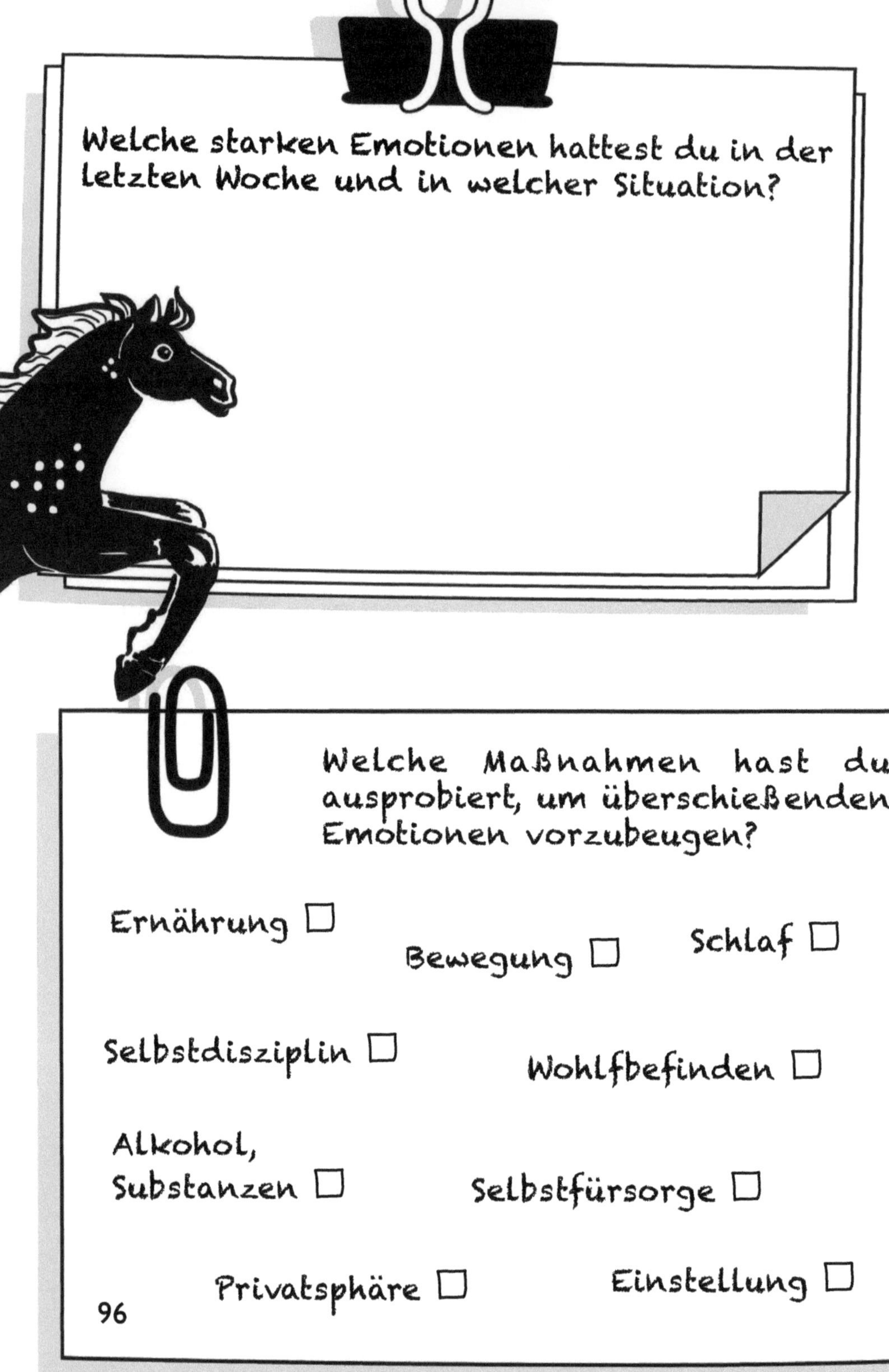

Welche starken Emotionen hattest du in der letzten Woche und in welcher Situation?

Welche Maßnahmen hast du ausprobiert, um überschießenden Emotionen vorzubeugen?

Ernährung ☐

Bewegung ☐

Schlaf ☐

Selbstdisziplin ☐

Wohlfbefinden ☐

Alkohol, Substanzen ☐

Selbstfürsorge ☐

Privatsphäre ☐

Einstellung ☐

Welche Maßnahmen haben am besten funktioniert?

SKILLSTRAINING FÜR DAS GUTE UND SCHÖNE

Wir begegnen wiederholt dem Gefühl, andere seien attraktiver, hätten mehr Freunde, würden ständig etwas Spannendes erleben und hätten super Ideen, die sie auch noch berühmt und reich machen. Die eigene Realität erscheint hingegen fad und leer.

Vielleicht bist du auch oft unzufrieden mit deinem gleichförmigen Leben, deinem Äußeren und wünschst dir, beliebter zu sein. Möglicherweise verlangen deine Lehrer und Lehrerinnen viel von dir und du kommst an deine Leistungsgrenzen. In solchen Momenten kann es passieren, dass du dich schlecht und überfordert fühlst. Finde dein inneres Gleichgewicht und merke, wie dich das zufriedener macht.

Beginne daher, genau auf **dein** Leben zu blicken. Dann kann es sein, dass du auch viel Gutes und Schönes darin und um dich herum entdeckst. Dazu gehe mit offenen Augen durch deinen Tag. Tu so, als ob du bestimmte Dinge unter der Lupe betrachten würdest. Möglicherweise erlebst du eine tolle Wolkenstimmung am Weg in die Schule, hörst im Radio ein Lied, das dir gefällt, oder ein Tier zeigt dir seine Zuneigung. Vielleicht setzt sich auch jemand für dich ein oder macht dir eine Freude.

Was hast du heute Schönes entdeckt?

Mit welchem Bild hast du es in deinem Kopf abgespeichert?

Mit welchem Gefühl hast du es in deinem Körper abgespeichert?

Natürlich gibt es tatsächlich weniger schöne und herausfordernde Zeiten. In solchen fällt es noch viel schwerer, das Gute und Schöne im Leben herauszufiltern. Da hilft es, wenn du gezielt einen Tag herauspickst, den du bewusst positiv gestaltest.

- ☐ Was machst du gerne?
- ☐ Was hast du früher gerne gemacht?
- ☐ Was denkt deine Freundin, dein Freund, dass du gerne machst?
- ☐ Was denkt deine Mutter, dein Vater, dass du gerne machst?
- ☐ Welche drei Dinge machen deinen Tag perfekt?
- ☐ Was möchtest du tun und erleben, damit du sagen kannst: „Das war ein guter Tag"?

Schreibe nun alle deine Ideen auf kleine Zettel, zerknülle sie und gebe sie in ein sauberes Marmeladeglas.

An langweiligen oder Miese-Laune-Tagen ziehe einen Zettel und mache das, was draufsteht. Gib dir einen kleinen Ruck und sei offen für das Gute und Schöne.

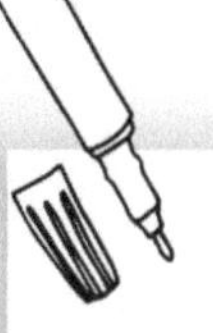

Was hast du heute gemacht?

Wie hat es deinen Blick verändert?

Hilf dir: Mach einen Gegenteiltag

Falls in bestimmten Phasen deines Lebens die negativen Gefühle dominieren, mach einen Gegenteiltag. An einem Gegenteiltag machst du einfach mal das Gegenteil von dem, was du normalerweise machst.

- ☐ Wenn du zum Beispiel immer mit deiner Familie Streit hast, versuche es doch einmal damit, einen ganzen Tag freundlich und zugewandt zu sein.
- ☐ Wenn du zum Beispiel Angst hast, mit anderen Kontakt aufzunehmen, probiere es am Gegenteiltag: Versuche, beim Einkaufen, im Park oder im Zug mit jemandem ins Gespräch zu kommen, der dir sympathisch erscheint.
- ☐ Wenn du zum Beispiel schlecht über dich denkst, probiere am Gegenteiltag, freundlicher über dich zu denken.
- ☐ Wenn du zum Beispiel traurig bist, versuche, jemand anderen aufzuheitern.

Was hast du am Gegenteiltag gemacht?

Wie schwer war es für dich?

0 sehr leicht — 10 sehr schwer

Was ist danach passiert?

Wie hat das Gegenteil deinen Tag verändert?

Hilf dir: Irren ist menschlich

Wenn du das Gefühl hast, etwas falsch gemacht zu haben, schreib oder sprich eine Entschuldigung aus. Es ist ok! Jeder macht mal etwas falsch und es gehört einfach dazu, diese Dinge anzunehmen und auch einmal zu sagen, dass es einem leid tut oder man etwas anders hätte machen sollen.

Du wirst sehen: In den meisten Fällen nimmt es die Person, bei der du dich entschuldigst, gut auf und etwas Positives kann entstehen.

Was wirfst du dir vor?

Wofür möchtest du dich entschuldigen?

Bei wem möchtest du dich entschuldigen?

Hast du dich entschuldigt?

Ja ☐ Nein ☐

Falls ja: Wie schwer ist es dir gefallen?

0 — 10

sehr leicht — sehr schwer

Wie hat das Entschuldigen deinen Tag verändert?

Vielleicht ärgerst du dich über jemanden, obwohl du die Person prinzipiell gerne magst. Wenn dir die Beziehung zu der Person wichtig ist, versuche es einmal damit, mit der Person trotzdem in Kontakt zu bleiben und dir zu überlegen, ob nicht beide Meinungen nebeneinander stehenbleiben können. Vielleicht schafft ihr es, das Thema des Streits zu verlassen und einfach zu akzeptieren, dass ihr in dieser Sache nicht einer Meinung seid, in anderen Dingen aber schon.

An dieser Stelle ist es wichtig zu betonen, dass du dich nicht selbst aufgeben und schon gar nicht etwas akzeptieren sollst, was deine persönlichen Grenzen überschreitet. Du sollst sogar deine Meinung und Grenzen anerkennen. Aber man kann auch die Meinungen und Grenzen anderer erkennen und akzeptieren. Es gibt nicht nur schwarz und weiß und du weißt bereits, dass das Gefühlsleben bunt ist.

Hilf dir: Der Ich-Satz-Trick

Wichtig ist vor allem, dass die Person weiß, wie und was du fühlst. Probiere den Ich-Satz-Trick: Dabei formulierst du in Ich-Sätzen, wie du dich fühlst.

Was hat dich verärgert?
Ich ...

Wie packst du deinen Ärger in einen Satz?
Ich bin darüber verärgert, dass ...

Hast du die betroffene Person angesprochen und ihr von deinem Ärger erzählt?

Ja ☐ Nein ☐

Falls ja: Wie schwer ist es dir gefallen?

0 gar nicht schwer — 10 total schwer

Wie hat es deinen Tag verändert?

Hilf dir: Scheitere heiter

Und weil etwas wie ein Gegenteiltag oder der Versuch, mit anderen auf eine neue Weise zu sprechen, ein Experiment ist, kann es auch schiefgehen. Wichtig ist, das Scheitern mit Humor und Gelassenheit zu nehmen.

SCHEITERE HEITER!

Denke an einen weisen Mönch oder eine schöne Fee. Beide versuchen, das Beste zu vermitteln, aber wer ihre Geschenke nicht annehmen kann, bringt sie nicht aus der Ruhe.

Was ist schiefgegangen?

Wie findest du das?

0 gar nicht ok — 10 total ok

Was ist das Beste, das du über dich, den Gegenteiltag und den Ich-Satz-Trick sagen kannst?

SKILLSTRAINING FÜR DEN GIPFELSIEG

Dieses Kapitel beginnen wir mit einem Märchen. Du wirst dich vielleicht fragen, warum wir auf ein weiteres Märchen zurückgreifen. Darin werden menschliche Herausforderungen und Probleme fantasievoll beschrieben. Das Interessante ist, dass, obwohl Märchen meist schon sehr alt sind, die Themen der Menschen nach wie vor sehr ähnlich sind.

Aschenputtels Mutter ist gestorben, ihr Vater hat sich mit einer neuen, geltungssüchtigen Frau verheiratet und diese hat zwei unsympathische Töchter mitgebracht. Der Prinz des Landes, in dem diese Patchworkfamilie lebt, ist ein schöner, reicher und netter Kerl. Er veranstaltet einen Ball, um beim Tanzen seine zukünftige Frau zu finden. Natürlich will jedes Mädchen dorthin, um den Prinzen zu treffen. Die böse Stiefmutter verbietet es Aschenputtel aber, auf den Ball zu gehen, und außerdem hätte Aschenputtel auch gar nichts Passendes anzuziehen.

Nun kommt die Wunschfee ins Spiel. Sie ist auf Aschenputtels Seite. Eigentlich könnte sie als mächtige Wunschfee herbeizaubern, dass der Prinz am nächsten Tag im Wald spazieren geht, dort Aschenputtel trifft, sich sofort verliebt und Aschenputtel ohne viel Drama sofort ins Schloss umzieht.

Aber nein, so ist es nicht. Die Wunschfee ermöglicht es Aschenputtel lediglich, gut ausgestattet den Ball zu besuchen. Alles andere muss sie selbst schaffen, wie beispielsweise die Aufmerksamkeit des Prinzen auf sich zu ziehen und gegen den Willen und die Intrigen der Stiefmutter und Stiefschwestern den Schuh anzuprobieren – wodurch sie sich als die Gesuchte herausstellen könnte.

Was würde fehlen, wenn Aschenputtel einfach ohne eigene Leistung die Frau des Prinzen werden würde?

Was würde das mit ihrem Selbstbild machen?

Wir alle haben in unserem Leben Wünsche und Ziele, die wir erreichen wollen. Einige Menschen vermitteln uns, dass sie nahezu mühelos ihre Träume verwirklichen, während du dich mit Schularbeiten, nervigen Mitschülern oder Ungerechtigkeiten plagen musst.

Bei genauem Hinsehen wird jedoch deutlich, dass es sehr wichtig ist, auch unwegsames Gelände meistern zu können. Nötig ist vor allem die Bereitschaft, sich für sein Ziel anstrengen zu wollen. Zusätzlich braucht es Durchhaltevermögen sowie Vertrauen in sich selbst. Und manchmal auch das Miteinander mit anderen, weil bestimmte Ziele als Team leichter erreichbar sind.

Beschäftige dich einmal bewusst mit der Biographie eines berühmten Musikers oder einer Künstlerin.

Welche Hürden hatte er/sie zu überwinden?

Vielleicht ist es dein Ziel, einen Wettbewerb zu gewinnen, in einem Baumhaus mitten in der Natur zu leben, eine gute und stabile Beziehung zu haben oder eine Weltreise zu machen. Träume zu haben ist großartig!

Wovon träumst du? Was möchtest du erreichen?

Welche Ziele möchtest du in diesem Jahr erreichen?

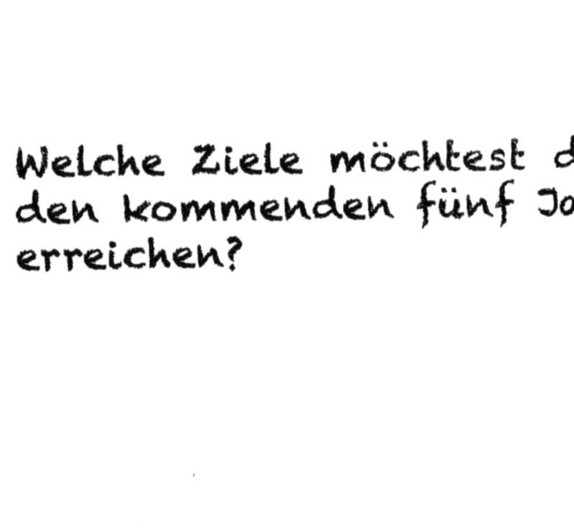

Welche Ziele möchtest du in den kommenden fünf Jahren erreichen?

Wie soll dein Leben in zehn Jahren aussehen?

Welche drei persönlichen Ziele hast du zuletzt erreicht?

1. ....

2. ....

3. ....

Ein Traum, eine Vision, ein Ziel ist eine Vorstellung von einem Endergebnis. Dorthin kommst du nicht mit einem Fingerschnipp, sondern Schritt für Schritt. Und manchmal wirst du auch nicht direkt, sondern auf vielen Umwegen dorthin gelangen.

Schmiede deinen Plan und lass ihn so konkret wie möglich werden. Denn er gibt dir Sicherheit und hilft dir, den Überblick zu bewahren über das, was du bereits geschafft hast und was als Nächstes zu tun ist.

Hilfreich ist **erstens**, wenn du dein großes Ziel in verschiedene kleinere, überschaubare und gut erreichbare Ziele aufteilst.

Zweitens, wenn du weißt, welche Fähigkeiten erforderlich sind.

Drittens, wenn du dich auch mit möglichen Hindernissen auseinandersetzt, die dich erwarten könnten.

Ziele benötigen Begeisterung und hartnäckiges Dranbleiben. Auch wenn es manchmal so aussieht, als ob der Weg voller Hindernisse ist. Sei zuversichtlich und vertraue auf deine in dir liegenden Fähigkeiten!

Welches **kleine** Ziel möchtest du demnächst erreichen?

Welches **mittelgroße** Ziel möchtest du in diesem Monat erreichen?

Welches **große** Ziel möchtest du als nächstes erreichen?

Welchen **Namen** kannst du deinem Ziel geben?

In welche überschaubaren und gut erreichbaren **Teilziele** kannst du dein Ziel aufsplitten?

Wer kann dich bei deinem Ziel **unterstützen**?

Wie kann man dich am **besten** unterstützen?

Welche **Fähigkeiten** benötigst du,
um dein Ziel zu erreichen?

Welche dieser Fähigkeiten **besitzt** du schon?

Welche **neuen** Fähigkeiten könnten hilfreich sein?

Auf welche **Hindernisse** könntest
du am Weg zum Ziel stoßen?

Welches Hindernis würde dich besonders **herausfordern**?

Mit welchem Hindernis könntest du gut **fertigwerden**?

Mit welcher **positiven** Einstellung kannst du die möglichen Hindernisse am besten überwinden?

Was könnte das **Schwierige** an den Hindernissen sein?

Was könnte das **Gute** an den Hindernissen sein?

Wer kann dir beim **Überwinden** der Hindernisse zur Seite stehen?

SEI DER HAUPTACT IN DEINEM LEBEN

Du bist die Hauptdarstellerin, der Hauptdarsteller deines Lebens. Entdecke, wie du durch dein Denken, dein Verhalten und deine Gefühle mit anderen zusammenkommst und Verbundenheit entsteht.

Dafür ist es wichtig, dich selbst besser kennen zu lernen. Erst dann kannst du verstehen, was du im Moment geben kannst. Was du gerade brauchst, kannst du auf diese Weise auch besser abschätzen.

Sich selbst zu verstehen ist oft schwieriger, als man denkt.

Versuche nun ein kleines Experiment

Gönn dir eine kurze Pause vom Alltag und gehe gezielt in die Entspannung. Suche dir ein ruhiges Plätzchen und entspanne deine Muskeln, sodass sie sich schwer anfühlen.

Atme tief und regelmäßig und schließe deine Augen. Wenn dein Kopf voller verschiedener Gedanken ist, probiere, die Gedanken wie Wolken vorbeiziehen zu lassen. Lass deinen Kopf ganz leer werden.

Nun entsteht vor deinem inneren Auge das Bild eines Tieres.

Sei offen für das Tier, das vor deinem inneren Auge erscheint. Welches Tier ist aufgetaucht?

Gib dir Zeit und spüre nach: In welcher Umgebung ist das Tier? Wie sieht es aus?

Vielleicht kannst du dich dem Tier nähern oder es sogar angreifen. Wie fühlt sich das Tier an? Lass dir ruhig Zeit für deine Begegnung mit dem Tier.

Wenn du bereit bist, dich von dem Tier vorerst zu verabschieden, richte deine Aufmerksamkeit wieder auf die Geräusche in der Umgebung und komme zurück in den Raum, wo du gerade bist.

Zeichne das Tier auf, das du vor deinem inneren Auge gesehen hast.

Welches Tier war es?

Ein(e) ....

Wo war es, wie war die Umgebung?

War das Tier allein oder gemeinsam mit anderen Tieren?

Wie hast du dich mit dem Tier gefühlt?

Hast du das Tier gestreichelt und wenn ja, wie hat es sich angefühlt?

Welche Gedanken und Gefühle kommen in dir hoch, wenn du an das Tier denkst?

Was denkst du, wieso ist gerade dieses Tier gekommen?

Welche mögliche Verbindung gibt es zwischen dem Tier und dir?

Du fragst dich jetzt sicher, was es mit der Übung auf sich hat.

Nun, manchmal empfinden wir unterbewusst andere Wünsche und Bedürfnisse, als wir uns eingestehen. Manchmal fühlen wir uns schwach und klein, aber in unserem Inneren schlummert auch ein starker Löwe. Manchmal glauben wir uns hart und unnahbar und übersehen vielleicht ein kleines, zartes Häschen in unserem Inneren. Im Bild ist alles möglich, weil es keine Grenzen gibt.

Vielleicht ist dir aber auch ein Bild deines eigenen Tieres gekommen, vielleicht gar keines oder vielleicht ein Tier, auf das du dir so gar keinen Reim machen kannst. Das macht nichts, es war ja nur ein Experiment.

Sieh dein Gegenüber

Wenn du weißt, wie es dir gerade geht und wie es vielleicht um dein Gegenüber steht, ist es leichter, in Beziehung zu treten. Beziehungen sind so ziemlich die spannendste Sache der Welt!

Gestalte deine Beziehungen um dich herum aktiv und bewusst. Eine Beziehung ist ein bisschen wie ein Ballspiel, man kann den Ball harmonisch hin und her werfen, oder jemanden abschießen. Natürlich gibt es dazwischen noch viele andere Varianten. Am Ausprobieren und Erleben von Beziehung kann man sich erfreuen und wachsen.

Es gibt ein paar einfache Tricks, seinem Gegenüber so zu begegnen, dass man einen guten Grundstein für das Miteinander legt. Probiere sie bei der nächsten Gelegenheit aus:

Wenn du mit jemandem ins Gespräch gehst, versuche es mit einer offenen und zugewandten Körperhaltung und signalisiere Interesse. So kannst du deinem Gegenüber Raum geben, seine/ihre momentane Gefühlslage und daraus entstehende Wahrnehmungen mitzuteilen. Mitunter unterscheidet sich das gegenwärtige Erleben, weil sich dein Gegenüber beispielsweise mutlos oder genervt fühlt, während du gerade zufrieden bist.

Versuche vorerst, dein Gegenüber in dem Gefühl anzunehmen, das er/sie gerade vermittelt. Würdest du versuchen, das Gefühl von deinem Gegenüber mit einem Argument abzuschwächen oder kleinzureden, erzeugt dieses Verhalten anstatt der gut gemeinten Entlastung nur den Eindruck, nicht gehört oder missverstanden worden zu sein. Das kennst du sicher von dir selber. Wenn du zum Beispiel einer Freundin oder einem Freund von Selbstzweifeln erzählst, dann möchtest du auch nicht hören, dass du „eh super" bist, sondern du willst dich zuerst einmal wahrgenommen wissen.

Daher höre gut hin, was dein Gegenüber sagt. Traue dich auch, so lange nachzufragen, bist du verstanden hast, worum es ihm/ihr geht. Erst, wenn du genau weißt, was ihn/sie beschäftigt, kannst du deine wohlüberlegte Meinung äußern.

Deine Freundin hat zum Beispiel Liebeskummer, fühlt sich unattraktiv und ungeliebt? Wenn du anderer Ansicht bist und ihr bloß sagst *„Aber du bist doch hübsch!"*, kann sie dein Kompliment nicht annehmen. Denn gerade jetzt fühlt sie sich komplett von der Rolle.

Besser ist, du fühlst dich in sie ein und sagst:

„Ich verstehe, dass du dich gerade nicht so magst. Mir ist es auch schon mal so gegangen. Ich finde, du bist ein wunderschönes Mädchen und ein toller Mensch!"

Diese Rückmeldung hat mehr Tiefgang.

Hast du bemerkt: Auch hier funktioniert der Ich-Satz-Trick.

Sei emotional verbunden

Sich jemandem emotional zu nähern ist eine spannende Herausforderung. Die Sorge, zurückgewiesen oder abgelehnt zu werden, kann dich vorsichtig machen und dich dazu bringen, deine Kontakte sorgfältig auszuwählen.

Allerdings ist das Gefühl, mit jemandem emotional verbunden zu sein, eines der großartigsten Gefühle überhaupt. Denk an deinen besten Freund oder deine beste Freundin. Nicht jeder/jede hat ihn/sie schon im Sandkastenalter kennengelernt!

Wo hast du deinen besten Freund, deine beste Freundin kennengelernt?

Wie lange seid ihr schon befreundet?

Was hat euch zusammengeschweißt?

Wann fühlst du dich mit ihm/ihr besonders verbunden?

Welche Leidenschaften teilt ihr miteinander?

Was ist typisch für deinen Freund, deine Freundin?

Was würde er/sie sagen, was typisch für dich ist?

Welche Highlights gibt es in eurer Freundschaft?

Wofür braucht ihr euch gegenseitig?

Wie fühlst du dich, wenn er/sie an deiner Seite ist?

Was kannst du besser mit ihm/ihr an deiner Seite?

Worin ergänzt ihr euch?

In welchen Ansichten, Gefühlen und Verhaltensweisen unterscheidet ihr euch?

Habt ihr schon Konflikte gehabt?

Wie habt ihr diese geklärt?

Du selbst bestimmst, welchen Weg du wie gehen magst, auch wenn von außen vieles fremdbestimmt wirkt. Stelle dich in den Fokus, bleibe jedoch mit deinem Gegenüber emotional verbunden. Denn Egoisten gibt es schon genug auf der Welt.

Trotzdem gibt es keine Universalgarantie gegen Pech und Unglück. Doch wir meinen, dass bereits die Einstellung den Unterschied macht. Denn wer offen für Neues ist, kann seine Situation besser verändern und positive Erfahrungen sammeln. Wer denkt, andere müssten dieses und jenes verändern, damit das eigene Leben besser wird, gibt Verantwortung ab. Zugleich nimmt man sich auch die Chance zu erfahren, wie großartig es sich anfühlt, neue eigene Wege zu gehen.

SKILLSTRAINING MIT ERFOLG: SO GING ES WEITER

Auf den vorherigen Seiten haben wir dir jede Menge Ideen geliefert. Und manchmal braucht es bloß den richtigen Moment und eine Portion Mut. Daher sagen wir dir, was sich alles im Leben von Susanne, Thomas, Aisha und den anderen getan hat.

Celine hat gelernt, dass sie nicht alle Probleme selber lösen kann, und hat sich an ihre Lehrerin gewandt. Ein Wechsel in die Parallelklasse wurde beschlossen und Celine hat es geschafft, in der neuen Klasse anzukommen. Natürlich ist ihr Selbstwert noch nicht vollständig wiederhergestellt, aber sie versucht, jeden Tag aufzuschreiben, was sie an sich gut findet.

Emily weiß nun, dass sie sich einfach mal zurückziehen und runterkommen muss, bevor sie reagiert. Sie hat sich zu Weihnachten einen Boxsack für ihr Zimmer gewünscht, den sie jetzt nutzt, wenn die Wut kommt. Emily hat gelernt, dass Bewegung ihr hilft, und seit sie im Frauenfußballverein ihres Ortes spielt, hat sie zwar schon die eine oder andere rote Karte erhalten, aber auch wichtige Tore geschossen.

Thomas hat verstanden, dass es auf Dauer schlecht ist, in die Computerwelt abzugleiten. Das ändert nichts an seinem Wunsch, Gamer zu werden, trotzdem besucht er jede Woche eine Therapie, um seine Schulängste zu bearbeiten und unauffällige Entspannungstechniken zu lernen, die er, ohne dass es andere merken, in der Schule anwenden kann.

Anna hat sich von ihren bisherigen Freunden distanziert und ist offen für neue Freundschaften. Außerdem hat sie sich bei ihrem Mitschüler für die fiese Nachricht entschuldigt. Die Entschuldigung wurde mit Freude angenommen.

Aisha hat mit ihrer Mutter gesprochen und ihr gesagt, dass es ihr sehr leid tut, Alkohol getrunken zu haben. Sie hat außerdem Jessica gesagt, wie sehr es sie belastet, dass ihre Freundschaft offenbar von verbotenen Dingen abhängt. Wie Aisha befürchtet hat, hat sich Jessica von ihr abgewendet. Aisha ist nun mit Tatjana befreundet und entdeckt in dieser Freundschaft viele neue Seiten an sich. Es ist fein, eine Freundschaft zu leben, wo nicht eine Freundin über die andere dominiert.

Jakob hatte irgendwann genug vom Computerspielen und er ist wieder rausgegangen, um Skateboard zu fahren. Und siehe da: Kurze Zeit später wurde Skateboarden der neue Trend. Viele Klassenkollegen kommen jetzt am Nachmittag vorbei, um sich von Jakob Tricks mit dem Board zeigen zu lassen.

Marie hat mit der Mutter ihrer besten Freundin über die Sache mit dem Rucksack gesprochen. Diese hat ihr geraten, den unbenutzten Rucksack ins Geschäft zurückzubringen. Marie hat das getan. Das rückerstattete Geld hat sie ihrer Mutter gegeben. Vor einem Monat hatte Marie dann die Idee, in der Nachbarschaft zu fragen, ob jemand Hilfe bei der Gartenarbeit benötigt. Tatsächlich hat eine alleinstehende Pensionistin das Angebot zu einem fairen Preis angenommen. Nun hat Marie schon einiges gespart. Den schwedischen Rucksack wird sie sich von diesem Geld sicher nicht noch mal kaufen, denn eigentlich gefällt er ihr gar nicht.

Hanna hat Lukas von sich aus angeschrieben. Er hat sehr rasch geantwortet und wirkte sehr erfreut über Hannas Nachricht. Das hat Hanna sehr glücklich gemacht. Beim nächsten Jungen, der ihr gefällt, wird sie sich nicht mehr von anderen beeinflussen lassen. Das nimmt sich Hanna zumindest vor.

Florian zieht noch immer Markensachen an, was auch voll ok ist. Nach seinem Schulwechsel in die weiterführende Schule hat er sich bemüht, nicht mehr zu lügen, was ihm auch immer öfter gelingt. Und wenn er Lust darauf hat, zu übertreiben oder Fakten zu verdrehen, dann sagt er den anderen rechtzeitig eindeutig, dass es sich um eine Lügengeschichte handelt

WO STEHST DU JETZT?

Jedes Buch endet irgendwann. Auch dieses. Doch wir denken, du bist dabei, neue Kapitel in deinem Leben zu schreiben. Und wir sind überzeugt, dieses Handbuch hat ein kleines bisschen dazu beigetragen. Nimm dir doch noch ein wenig Zeit. Halte inne und deine Erkenntnisse fest. Auf den folgenden beiden Seiten findest du Platz dafür.

Was ist das Beste, das du über dich herausgefunden hast?

Wozu hat es dich inspiriert?

Wovon hast du jetzt mehr in deinem Leben, wovon weniger?

Auf welche weiteren Ideen bist du selbst gekommen?

Wie heißt das nächste Kapitel in deinem Leben?

Welche Tipps wirst du deinem besten Freund, deiner besten Freundin geben, wenn er, sie einmal schwierige Zeiten zu meistern hat?

Autorinnen und Illustratorin

Belinda ist Kinder- und Jugendpsychiaterin. Sie leitet die Universitätsklinik für Kinder- und Jugendpsychiatrie und Psychotherapeutische Medizin am Uniklinikum Salzburg. Mit viel Freude arbeitet sie seit über 20 Jahren mit Kindern und Jugendlichen, denen sie mit Rat und Tat zur Seite stehen darf.

Sigrun hat 2008 bei der edition riedenburg die Buchreihe „SOWAS!" gegründet. Sie ist Klinische Psychologin und Systemische Familientherapeutin am Uniklinikum Salzburg. Mit ihren Büchern und als Skillstrainerin hilft sie Kindern und Jugendlichen, ihre Probleme loszuwerden oder besser mit Unveränderlichem klarzukommen. sigruneder.com

Angelika entdeckte schon früh ihre Begeisterung für kreatives Schaffen in den Bereichen Musik und Malerei. In ihrem Psychologiestudium spezialisierte sie sich auf Musikpsychologie und betreibt eine Mobile Musikschule in Wien und Tirol. Der bildenden Kunst ist sie als ausstellende Künstlerin dennoch treu geblieben. farben-formen-fantasien.com

Notizen

SOWAS-Buch.de

SOWAS-Buch.de